新 媒 体 与 文 化 创 新 丛 书　　　　任占文　主编

中国乡村移动化阅读
发展路径研究

杨雅芸 ◎ 著

知识产权出版社
全国百佳图书出版单位
— 北 京 —

图书在版编目（CIP）数据

中国乡村移动化阅读发展路径研究 / 杨雅芸著.北京：知识产权出版社，2024.7. —（新媒体与文化创新丛书 / 任占文主编）. — ISBN 978-7-5130-9448-1

Ⅰ.G259.252.3

中国国家版本馆CIP数据核字第2024G7C854号

内容提要

本书以新媒体赋权下移动化阅读生态的变迁为基点，分析了乡村移动化阅读的勃兴、乡村民众的移动化阅读素养、乡村移动化阅读面临的机遇与挑战，提出了乡村移动化阅读的发展路径。

本书可供政府相关部门与企业工作人员，新闻传播学、社会学领域的研究者阅读。

责任编辑：高　源　　　　　　　　　　　　　责任印制：孙婷婷

执行编辑：肖　寒

新媒体与文化创新丛书　　任占文　主编

中国乡村移动化阅读发展路径研究

ZHONGGUO XIANGCUN YIDONGHUA YUEDU FAZHAN LUJING YANJIU

杨雅芸　著

出版发行：知识产权出版社有限责任公司	网　址：http://www.ipph.cn
电　话：010—82004826	http://www.laichushu.com
社　址：北京市海淀区气象路50号院	邮　编：100081
责编电话：010—82000860转8701	责编邮箱：laichushu@cnipr.com
发行电话：010—82000860转8101	发行传真：010—82000893
印　刷：北京九州迅驰传媒文化有限公司	经　销：新华书店、各大网上书店及相关专业书店
开　本：720mm×1000mm　1/16	印　张：12.5
版　次：2024年7月第1版	印　次：2024年7月第1次印刷
字　数：182千字	定　价：68.00元

ISBN 978-7-5130-9448-1

前　　言

　　数字媒体技术的发展催生了移动化阅读这一全新的阅读方式,使乡村的阅读生态发生了巨大的变化。伴随着乡村移动化阅读的勃兴,越来越多的运营商开始开拓乡村移动化阅读市场。虽然乡村移动化阅读市场较为广阔,但存在平台主要集中在"数字化农家书屋"领域、符合农民需求的原创内容较少、农民群体尚未形成付费阅读的习惯等亟须解决的问题。

　　本书以新媒体赋权下移动化阅读生态的变迁为基点,研究乡村移动化阅读的发展路径,围绕乡村移动化阅读的勃兴、乡村民众的移动化阅读素养、乡村移动化阅读面临的机遇与挑战及乡村移动化阅读发展的路径等内容展开。第一部分主要介绍研究背景、目的和意义,对涉及的理论和概念进行阐述和解释,对已有的文献进行综合梳理和评述,对相关的思路、内容和方法进行介绍,对研究的关键性问题进行归纳,并分析研究的创新之处。第二部分对新媒体赋权下乡村移动化阅读生态的变迁进行探讨,对乡村移动化阅读平台勃兴的动因进行考察。第三部分对乡村居民的文化素养、阅读习惯、内容的采纳等进行考察,以掌握移动化阅读服务对象的基本情况,并在此基础上有针对性地培养他们的阅读习惯。第四部分主要对乡村移动化阅读平台的打造现状进行研究,剖析乡村移动化阅读平台发展的内部优势和劣势及外部机遇与挑战,为接下来的研究奠定坚实的基础。第五部分是本书最为重要的部分,主要为乡村移动化阅读的发展寻找科学的方法,从而为乡村移动化阅读的运营提供较有价值的建议,为"全民阅读"和乡村振兴提供一条有效的路径。最后,对整个研究进行总结,并对乡村移动化阅读的竞争态势、未来发展走向等进行讨论。

　　笔者认为,乡村移动化阅读的发展需要相关政府部门、运营商及组织联合起来,从内容选择、场景打造、产业链延伸、引导阅读、基础设施建设及监管等多方面入手,为广大村民营造·个适合阅读的环境,让他们爱上读书、认真读书。就内容方面来说,乡村移动化阅读的经营者要提供有利于培养新型职业农民和体现乡村移动化阅读经营者的文化担当的内容,提供有利于乡村振兴的应用型内容、乡村社会治理的内容、体现社会主义核心价值观及休闲娱乐类的内容。就场景方面来说,要坚定地走全媒体阅读之路,积极尝试付费阅读模式,大力推行区块链模式,着力建立场景分享模式。就产业方面来说,要不断完善阅读生态,积极走社群化服务的道路,探索两种模式,即一站式产业链模式和"互联网+内容+服务"模式。就引导阅读方面来说,要努力培养"乡村阅读领袖",加强优质信息的推荐,建立有效的分类目录或搜索引擎,提供热门站点的链接,构建专业指引库和智能导航系统等。就基础设施建设方面来说,要致力于提高广大农村地区的互联网普及率,建立具有农村特色的移动化阅读 App 客户端,推动乡村移动化阅读的标准化建设。就监管方面来说,要完善相关的法律法规并加大在广大农村地区的宣传力度,致力于重建公共文化监管机制,让乡村民众协助相关部门做好监管工作。把握好上述几个方面,乡村移动化阅读将会顺利推进。

本书创新性地提出了"移动化阅读素养"这一概念,并对之进行界定和分析,为移动化阅读的知识层次指明了方向。同时,探讨了乡村移动化阅读发展的用户信息采纳问题,为乡村移动化阅读运营商的信息推送、用户行为的培养等打牢基础。最后,提出并合理界定"场景效能感"这一概念,为乡村移动化阅读运营商更好地利用场景吸引用户提供较好的理论指导。

目　　录

1 绪 论

　　网络等新兴媒体作为一种跨越时空的技术,能够瞬间将信息传播到世界的每个角落,人类各种各样的活动都可利用网络带来的便利。就阅读活动来说,通过网络等新媒体渠道,人们能够摆脱纸质图书和期刊不便携带的困扰,随时随地地开展阅读活动,而且能够自主选择想要阅读的内容。对地处相对偏远、图书资料相对匮乏的农村来说,人们通过各种新媒体尤其是网络开展移动化阅读活动,在各种新媒体空间中分享经验、交流观点、发表评论,对推动"全民阅读"的进程、助力乡村振兴有着极大的价值,因此对"中国乡村移动化阅读的发展"这一主题展开研究是极为必要的。

1.1　研究背景、目的及意义

　　根据第51次《中国互联网络发展状况统计报告》中的数据,截至2022年12月,我国的网民数量达到了10.67亿,其中农村网民规模为3.08亿,较2021年12月增长2371万,占网民整体的28.9%。❶迅速攀升的农村网民数量为相关的商家开展乡村移动化阅读的经营活动提供了庞大的读者群体。可以预测的是,随着网络普及率的不断提高和农村阅读需求的不断增加,我国乡村移动化阅读的市场将会不断扩大。

1.1.1　研究背景

　　在物联网时代,万物互联已成现实,网络等新媒体技术正在席卷全球,使信息的生产、传播和消费越来越顺畅,网络空间成为海量信息的承载空间,人们可以不分时间、不分地点地接入互联网并随心所欲地进行信息阅读

---

❶ 资料来源:第51次《中国互联网络发展状况统计报告》。

活动,加之国家大力倡导"全民阅读"以实现乡村振兴,而且各种阅读设备的纷纷出现为乡村移动化阅读的勃兴铺平了道路。对"中国乡村移动化阅读的发展"展开研究主要基于以下背景。

1.1.1.1 "三农"问题是全党工作的重中之重

近日,中央网络安全和信息化委员会办公室、农业农村部、国家发展和改革委员会、工业和信息化部联合印发《2024年数字乡村发展工作要点》。该文件要求,深入贯彻落实习近平总书记关于乡村振兴的重要指示批示精神和中央经济工作会议、中央农村工作会议精神,认真落实《中共中央 国务院关于学习运用"千村示范、万村整治"工程经验有力有效推进乡村全面振兴的意见》部署要求,深入实施《数字乡村发展战略纲要》《数字乡村发展行动计划(2022—2025年)》,以信息化驱动引领农业农村现代化,促进农业高质高效、乡村宜居宜业、农民富裕富足,为加快建设网络强国、农业强国提供坚实支撑。

《2024年数字乡村发展工作要点》明确了工作目标:到2024年年底,数字乡村建设取得实质性进展。数字技术保障国家粮食安全、巩固拓展脱贫攻坚成果更加有力。农村宽带接入用户数超过2亿,农村地区互联网普及率提升2个百分点,农产品电商网络零售额突破6300亿元,农业生产信息化率进一步提升,培育一批既懂农业农村、又懂数字技术的实用型人才,打造一批示范性强、带动性广的数字化应用场景,抓好办成一批线上线下联动、群众可感可及的实事。

要完成这一目标,提高农民阅读水平是关键途径。要让国家有关乡村的战略思想在乡村生根发芽、结出硕果,必然要求我们经营好乡村阅读的各类App,从而让百姓在阅读中熟悉国家的乡村战略,用好国家的乡村政策,尽快实现乡村振兴的宏伟目标。

可以说,国家高度重视乡村发展为开展乡村移动化阅读提供了良好的社会环境。长期以来,我国始终高度重视阅读活动的开展。自2014年开始,国家多次把"倡导全民阅读"写入了政府工作报告;2015年,国家颁布的

《"十三五"时期贫困地区公共文化服务体系建设规划纲要》提出落实公共文化服务精准扶贫,把公共文化服务和农民致富紧密结合起来的目标;2016年,国家将"促进传统媒体与新兴媒体融合发展,构建现代公共文化服务体系"写入政府工作报告,并颁布了《全民阅读"十三五"时期发展规划》,这标志着国家将"全民阅读"提升至国家战略层面;2017年,我国发布《全民阅读促进条例(征求意见稿)》,在全国范围内公开征求意见,并将《中华人民共和国公共图书馆法(草案)》提请全国人民代表大会常务委员会审议,为全民阅读提供了法律保障体系,这对"全民阅读"工作的规范化和常规化开展有着极大的意义,为"全民阅读"提供了良好的土壤;2020年,中共中央宣传部印发的《关于促进全民阅读工作的意见》指出,阅读是获取知识、增长智慧的重要方式,是传承文明、提高国民素质的重要途径,深入推进全民阅读,对加强社会主义精神文明建设、促进社会进步具有重要意义。可以说,国家高度重视民众的阅读活动,且将乡村民众的阅读作为开展"全民阅读"活动的重要组成部分。这对推动社会主义精神文明建设、实现乡村振兴有着巨大的价值。

1.1.1.2　互联网在农村的普及率越来越高

随着互联网在农村的快速普及和广泛应用,乡村网民数量急剧增加,为乡村移动化阅读开辟了极为广阔的市场空间。据第51次《中国互联网络发展状况统计报告》的统计数据显示,我国的网民数量达到了10.67亿,其中农村网民规模为3.08亿,较2021年12月增长2371万,占网民总数的28.9%。农村地区互联网普及率为61.9%,较2021年12月提升4.3个百分点。

作为发展中国家,农业一直是我国最为重要的产业。客观地说,虽然我国乡村互联网普及率已经达到61.9%❶,但是在阅读方面绝大部分村民依然无法享受互联网带来的便利。因此,我国需要加强乡村的互联网基础设施建设,不断提升乡村互联网普及率。对于这一点,我们可以从两个方面努力。第一,不断提高网络宽带的服务质量,积极降低上网成本;第二,积极实

---

❶ 数据来源:国家互联网信息办公室《数字中国发展报告(2022年)》。

施"互联网+教育""互联网+文化"等战略,提升互联网的乡村应用率和服务水平。通过这些措施,为乡村民众开展移动化阅读铺平道路。

1.1.1.3 在新媒体的影响下,农村居民的阅读习惯发生了极大的变化

传统纸质阅读的衰落和移动化阅读的兴起是非常显著的,移动化阅读迅速占领阅读市场已是不争的事实,也是必然的趋势。虽然纸质图书的阅读人数总体较为平稳,但报刊的阅读人数是在逐渐下降的,而使用手机等移动化阅读终端开展阅读活动的人数在迅速攀升。这是由技术决定的。在技术的冲击下,阅读市场优胜劣汰的现象更为明显,电子图书凭借其信息量大、传播迅速、阅读方便、互动性强等优势,使纸质图书陷入窘境。而可以肯定的是,在移动化阅读的冲击下,纸质图书的困境将会进一步加大。这是因为移动化阅读会不断改变和培养读者的阅读习惯,使他们逐渐转移到电子阅读的阵地上来,其中包括广大乡村用户。可以预测的是,我国乡村民众的阅读习惯的变化将会更明显,原因主要有以下三点。

第一,从个人阅读到众人分享使民众的阅读空间不断弥合。我们知道,在纸质时代,阅读是一种相对私人的行为,人们往往手里拿着图书、期刊,眼睛在铅字之间移动,所谓阅读感悟是个人在头脑中的回味和体会。而在移动化阅读迅速发展的今天,人们可以充分利用新媒体的社交功能,与他人一起阅读和分享,在交流中获得更多的知识和乐趣,获得更多的成就。可以说,在社交媒体之中,阅读已经从私人行为变成了具有公共属性的活动。在这种情况下,商家纷纷在社交上做文章,力争不断激发读者的阅读欲望,以此获取更多的流量,而读者也乐于在阅读和分享中贡献流量。由于在阅读中可以进行观点、经验及情感的分享,读者在点赞、关注和共享中找到了阅读的仪式感,人与人的社会关系在阅读中得以较好地勾连,在这种情况下,包括村民在内的广大读者,皆不由自主地改变了自己的阅读习惯,积极参与移动化阅读。

第二,乡村民众在碎片化的时间和场景之中开展阅读活动,符合互联网

空间中的碎片化信息消费的趋势。在时间方面,受繁重的农业劳动的影响,乡村民众阅读时间的碎片化状况更为明显,他们只有在忙完农活或者暂停休息时才会开展移动化阅读活动,由于只能利用碎片化的时间开展阅读,阅读场景往往是不全面的,广大村民只能置身于某个场景片段获得特定的场景体验。但需要指出的是,即使只能在碎片化的时间和场景中开展阅读,与纸质媒体的阅读相比,村民仍然能够相对自由和自主地选择阅读时间和内容,能够获得纸质媒体无法提供的体验感,这是乡村民众在开展阅读活动时首选移动媒体的重要原因。

第三,移动化阅读能够引导读者对内容进行选择。移动化阅读是借助网络等新兴的媒体来实现的,各种新兴的媒体能够提供极为庞大的信息量,且能够对所承载的信息进行较好的分类,读者能够较快地找到自己喜欢的内容。此外,在长期推送某些经过特殊策划和包装的信息后,包括广大乡村民众在内的读者都会在阅读中不知不觉地习惯于商家所推送的内容。这些都说明在新媒体时代乡村民众的阅读习惯正在慢慢改变,加之移动化阅读经营商的推波助澜,乡村民众会更快地习惯于新媒体特有的阅读方式,进而抛弃传统的纸质阅读方式,而这无疑会反过来促成移动化阅读的勃兴。

1.1.1.4　智能化阅读设备的普及为移动化阅读提供了支持

随着网络这一新兴技术的迅速普及和不断推广应用,中国农村的网民数量将会不断扩大。而在今天,乡村民众在上网时往往会把手机作为主要的工具。据苟意宏等人的研究,农村网民上网的首要工具是手机,而不是固网宽带;农村网民手机上网的使用率远高于城镇居民。这是因为在中国农村手机的普及率远远高于电脑的普及率。同时,为了更好地开拓移动化阅读市场,移动化阅读运营商正不遗余力地在阅读App、阅读设备上做文章,积极改进App端口,加大场景App端口,积极与设备生产商进行合作,以期实现阅读设备的标准化生产和使用。可以肯定的是,随着手机、电子阅读器、MP3、MP4、PSP、PDA等众多阅读器的不断普及,乡村移动化阅读将会越发兴旺。

1.1.2　研究目的

本书试图考察乡村移动化阅读的发展状况和乡村民众移动化阅读需求的变化,从而了解乡村移动化阅读的现实生态和乡村民众的阅读素养,在移动化阅读内部的优势、劣势及外部的机遇和威胁的基础上,打造出较有价值的乡村移动化阅读体系,为广大乡村民众推送符合其阅读习惯和有利于农村发展的信息,从而为更好地推进"全民阅读",进而实现乡村振兴贡献力量。具体来说,笔者力争达到三个目的:一是展示新媒体赋权下乡村阅读生态的变化状况,为乡村移动化阅读的勃兴找到动因。二是分析乡村民众的文化素养、阅读习惯及阅读内容的采纳情况,为乡村移动化阅读的经营者向乡村民众提供有针对性的阅读信息提供参考策略。三是弄清乡村移动化阅读中信息推送的各种优势、劣势,并在此基础上思考如何推动乡村移动化阅读的发展,为推动"全民阅读"进而促进乡村振兴提供有效的路径选择。

1.1.3　研究的意义

对中国乡村移动化阅读的发展进行研究,在学术、应用等方面都具有较大的意义。

1.1.3.1　学术意义

第一,丰富了发展传播学和信息扶贫等领域的研究成果。本研究以发展传播学、信息扶贫等理论为视点,关注扶贫信息传播中乡村民众对相关信息的采纳条件,使商家能够有针对性地提供阅读信息,让广大乡村民众能够积极主动地嵌入乡村发展的信息网络,并由此及时将有利于乡村振兴的信息资源运用到乡村的发展中,助推乡村早日改变贫穷落后的面貌。这一研究能够在一定程度上丰富和拓展发展传播学和信息扶贫等领域的研究成果。

第二,深入分析了乡村移动化阅读素养,对从农村的现实状况出发思考乡村移动化阅读体系的构建问题提供了有价值的学术指导。

第三,探究了乡村移动化阅读平台建构的场景问题,为更好地利用网络等新兴媒体技术助推乡村移动化阅读的发展提供了新的学术视野。

第四,综合了发展传播学、产业链等多种理论,对如何经营乡村移动化阅读进行研究,在理论观照现实方面具有学术价值。

1.1.3.2　应用意义

第一,可以为移动化阅读服务提供商更好地把握农村市场,开展乡村移动化阅读服务提供有价值的意见和建议。

第二,为乡村文化体系建设注入新的动力,对推动乡村文化的繁荣发挥作用。

第三,打造乡村移动化阅读平台,为广大乡村民众提供有价值的知识,在助力农村脱贫攻坚、实现乡村振兴方面具有重要的意义。

1.2　相关理论概述及概念界定

1.2.1　相关理论概述

1.2.1.1　发展传播学理论

作为传播学的重要分支,自20世纪50年代开始,发展传播学一直是人们极为关注的领域,许多传播学领域的学者都对其进行了阐释和研究。一般认为,美国知名传播学学者勒纳所著的《传统社会的消失:中东的现代化》一书是发展传播学正式提出的标志,后来经传播学大师施拉姆、罗杰斯、麦奎尔、哈森、英尼斯等人的传承和研究,传播学走出了美国的大门,走向了全球,对世界尤其是发展中国家、落后国家产生了重大的影响。发展传播学以传播与国家发展之间的关系作为研究的核心,力争让广大发展中国家学会利用现代化的传播手段促进自身和经济社会的发展,改变贫穷落后的面貌。

我们都知道,传播有着与人类同样悠久的历史,传播的历史就是人类使用各种技术手段推动社会不断发展的历史。无论在任何国家和社会,传播始终都是促进社会发展的重要力量之一。这是因为要实现社会尤其是乡村社会的可持续发展,单单依靠物质方面的投入是不够的,信息的生产和有效流动也是需要重点考量的问题,尤其是在当今的信息社会更是如此,因为信息已经成为一种重要的生产要素和发展资源,其在推动社会的发展中具有难以估量的作用。由此可知,在今天,无论是城市还是农村,没有信息的有效生产和流动,社会就难以有效发展。然而与城市相比,我国的广大乡村地区的传播网络极不完善,传播力量极为薄弱,信息传播和利用的效率极低,这些都对乡村振兴产生重要的影响。

我国移动化阅读的运营商往往把经营的重点放在城市,因而在相对较为匮乏的乡村传播中,大多数运营商都不考虑乡村的实际需求,这种缺乏务实性的传播使得通过传播这一重要手段助力乡村发展的力量更为弱小,因此需要在以往的乡村传播机制和传播模式的基础上改良乡村的信息传播路径。而在"全民阅读"的大背景下,积极打造乡村移动化阅读体系,为广大乡村搭建有效的传播平台,提供有效的信息传播、接收和利用范式,实为实现乡村振兴的有效策略。

众所周知,要为乡村发展提供有效的信息传播、接收和利用范式,就要找准发展传播学的模式。发展传播学先后经历了主导模式、依赖模式和参与模式,其中参与模式与乡村发展的关系更为密切。在发展传播学的研究学者中,奎布拉是比较关注农村发展的,其在1971年发表了《农业背景下的发展传播学》一文。在这篇文章中,奎布拉对乡村发展和参与发展进行了较为详细的论述。而在其他很多学者的研究中,参与发展这一模式往往都以乡村及贫穷作为研究指向。因此,在乡村振兴这一战略背景下,要有效化解乡村发展中遇到的各种各样的问题,就需要借鉴发展传播学中的参与模式这一特殊领域中的各种方法,找准发展中存在的问题,梳理各种问题的具体情况,有效设置传播任务,吸引村民参与乡村振兴的传播和改造行动,以信息传播作为导向,理顺行动框架,切切实实地传播广大村民需要的信息,并在最后对传播的效果进行评估,而以上一切工作都需要建立在及时、高效的信息传播和接收利用上。因此,打造乡村移动化阅读体系对提供有效的信息、促进乡村信息化发展有着重要的意义。

1.2.1.2　场景理论

"场景"这一概念诞生于影视语言学,主要用来描述影视作品中的各种场面,因而又有人把它叫作情境,其包括人物在特定空间中的行为而构成的影视画面及由人物的心理所营造的情节氛围。就影视语言学中的场景来说,其往往带有地理空间的烙印。而随着网络等信息技术的发展,人们能够进入网络这一虚拟空间开展各种各样的活动,营造各种各样的画面和心理氛围,因而场景已从现实空间扩展到虚拟空间,虚拟场景日渐受到人们的关注。

在传播学中,场景对信息的消费有着巨大的吸引价值,其构建手段能够对信息生产产生巨大的影响,因此成为信息消费者和媒体之间的全新的连接形式。在网络不断普及的今天,场景已经成为媒体的一个新要素,其具体的搭建形式对用户接入媒体具有较大的影响。在《即将到来的场景时代》这一著作中,罗伯特·斯考伯指出场景具有"五力",即大数据、移动设备、社交媒体、传感器、定位系统。在今天,这五种力量都渗透于人们的生产和生活中,能够有效地对用户进行定位,能够有效地抓取与用户相关的各种数据,进而能够有效地对用户的信息、使用习惯和偏好进行推算,从而向广大用户提供个性化的信息。

在场景的"五力"之中,移动设备是特别重要的要素,在用户的信息传播和获取中有着极其重要的价值。这是因为在互联网空间中每个用户都可以被看作网络的一个节点,按照麦克卢汉的"媒介即讯息"的观点,移动设备可以被看作人的感官的延伸,它在用户和场景之间起着连接作用,能够将场景展现在用户面前,在为用户的阅读提供方便的同时,也为用户参与场景的构建提供了无限的可能性,使用户在开展阅读活动的同时,也能够有效地将自己生产的信息产品置于特定的场景之中,供其他用户进行阅读和交流。

可以说,正是网络这一信息技术催生了很多社交媒体,并提供了构建场景的技术支撑,才使人们在网络这—虚拟空间中形成复杂而有序的社交网络,并在网络空间中生产、传播和分享信息。在这种背景下,移动化阅读受到了世人的青睐,并迅速延伸到人们的阅读生活中。移动化阅读的运营商应该及时抓住机遇,积极打造乡村移动化阅读体系,形成"场景入口+用户+社交+变现"的盈利模式,并有效地将广大村民需要的信息传播到农村。毫无疑问,要有效地将广大村民需要的信息传播出去,就需要解决好信息与场景的匹配问题。乡村移动化阅读的运营者可以在找到真正适合农民需求的信息的基础上,不断利用社交媒体的互动性搭建新的场景,并在不同的信息场景之间进行有效的连通和切换,或者将多个场景交融在一起,以满足用户切换和感受阅读场景的需求,以此为广大村民提供有效的信息,为乡村振兴作出积极的贡献。

1.2.2 相关概念界定

1.2.2.1 乡村移动化阅读

人类的阅读方式受到信息传播技术的影响,在数字技术不断发展和快速普及的今天,人类的阅读活动走上了数字化的道路。当前,利用手机等移动设备开展阅读活动的人数已经大大地超过了利用桌面电脑开展阅读活动和利用纸质媒体开展阅读活动的人数,人们在各种移动设备上进行信息阅读和分享活动已经成为主流。各种移动终端、各类阅读 App 为广大用户提供了个性化的阅读服务,人们在阅读中的体验感和乐趣大大提升,社交化阅读成为用户极为青睐的形式。

在移动化阅读兴起之后,阅读软件也得以不断改进,现在的阅读软件几乎都具备书写(做笔记)和交互功能,并在场景打造上形成了独特的视觉模式。在移动化阅读中,读者可以对句子和文本进行加工,并不断与他人进行交流沟通。正如恩伯特等学者指出,阅读实际上是包含多重复杂系列的一种认知过程,其间"既有着'低水平'的眼睛运用,也有着'高水平'的认知加工活动"。

基于对移动化阅读的种种分析,王余光等学者对移动化阅读进行了界定。他们认为,所谓移动化阅读,是指以手机、电子阅读器、MP3、MP4、PSP、PDA 等移动载体为阅读工具,在移动通信与互联网络相结合的无线互联网络环境下对电子资源进行随时随地的阅读的方式,其内容主要包括网络新闻、网络文学、手机报、博客、短信等。根据此界定,可以将乡村移动化阅读界定为:村民通过手机、电子阅读器、MP3、MP4、PSP、PDA 等移动设备,在移动通信与互联网相结合的无线互联网络环境下对电子化的各种信息资源进行随时随地的阅读的方式。除网络新闻、网络文学等电子信息之外,村民的阅读内容还主要包括农业科技信息、国家有关乡村发展的政策等。

1.2.2.2 社群经济

移动互联网的发展从根本上改变了人们信息传播、社交和支付的方式,让人在信息的互动中处于核心地位,信息的生产、传播、消费和经营管理都以人为连接点而得以不断运行。在社交媒体的作用下,用户不仅是信息的生产者,而且是信息的传播者和消费者。当前,用户已经能够广泛地参与信息的生产和分享,使拥有共同兴趣或者价值观的用户能够迅速地聚集起来,当聚集的用户达到一定规模后,所谓社群也就产生了。由于用户已成为信息时代的重要资源,因此很多商家都积极围绕用户形成的社群开展相关的经营活动,使社群产生巨大的经济效益,这种以社群为基础而产生的经济形态被人们称为社群经济。由于社群是在人们互动的过程中产生的,因此它是一种较为开放的新的经济形态。

网络空间的社群往往是虚拟的,即所谓"虚拟社群"。最早提出"虚拟社群"概念的学者是瑞格尔德,他在《虚拟社群:定居在电子前沿》这一著作中提及"虚拟社群",并对之进行了阐述,指出"'虚拟社群'的形成是由于移动互联网突破了时间和空间的限制,将具有相同或相近兴趣爱好的人们连接到一起,通过网络媒介进行交流沟通和互动分享,形成一个具有共同情感和兴趣的群体网络;反过来,社群中群体成员之间的群体归属感又促进了社群规模的扩大和社群经济的发展"。

今天,各种各样的社群经济正如雨后春笋般纷纷出现,如电商社群经济、问答社群经济等,它们都由内容、产品和商业三大因素构成,其中内容是社群得以产生的前提条件,产品是吸引用户参与的重要力量,商业是社群管理和运营的主要形式。由于社群是基于人们的情感和兴趣而产生的,因此与共享经济、粉丝经济类似,社群经济也具有自发性,具有用户和运营商相互勾连的双向性。这使得用户和产品之间会因为有情感体验的存在而形成更为紧密的关系,因而不断刺激用户的兴趣,以满足其特殊需求,从而实现社群的良好运营,是社群经营者惯用的手段。

在网络空间中,社群经济具有产品双向性(社群能够为成员及广大用户分别提供符合其身份的多元化的产品及服务)、销售个性化、组织的相对稳定性及生产的柔性化等特征。需要指出的是,社群经济并不只是一种用户狂欢的经济,其在组织结构上与传统的经济形式有着极大的区别,是粉丝经济发展到一定阶段的产物。

1.3 研究综述

学者们对"中国乡村移动化阅读的发展"这一主题的研究视角较多。通过对国内外的文献进行梳理,笔者发现对该主题的研究主要集中在两个方面:一是关于移动化阅读的研究;二是关于乡村移动化阅读的研究。因此,本书也立足于这两个方面对有关的文献进行综述。需要指出的是,笔者将对在对相关文献进行梳理、分析的过程中所发现的问题进行较为具体的评述,力争做到取其精华和修正其不足。同时,本书力争在现有文献的基础上发现新的研究点,并对其价值进行评述,以使整体研究显得更有意义。

1.3.1 关于移动化阅读的研究

1.3.1.1 国外的研究现状

由于移动化阅读在国外的发展较为成熟,因此国外学者在移动化阅读方面的研究成果也较为丰富,且相关研究的影响力较大,涉及诸多理论探讨和实证研究。总的来说,国外学者的研究主要集中在两个方面:一是关于移动化阅读设备的研究;二是关于移动化阅读应用的研究。

(1)关于移动化阅读设备的研究

人类的每种全新的行为的出现都是基于技术的进步和相应设备(设施)的出现或改进这一发展逻辑的。就阅读行为来说,人类现在进入了数字化阅读阶段,而人类的数字化阅读方式是建立在手机等移动设备及电子阅读器产生的基础之上的,正是相应的阅读设备推动了人类阅读方式的变革,因此数字阅读设备的出现为人类开展社交化、互动化和移动化阅读奠定了基础。正因为如此,学者们最先从阅读设备入手,对移动化阅读展开了研究。

由于数字阅读设备最先在国外出现,因此移动化阅读行为也最先在国外出现,这也使得国外较早地对移动化阅读展开了研究。在《随着电子书流行的社会化阅读》这一著作中,席勒等学者以数字化阅读为切入点,对智能手机、iPad、Kindle等诸多便携式设备的市场前景进行了分析,结合2011年美国出版协会所公布的电子书销售总量与排行数据,认为诸如智能手机、iPad、Kindle等必将进入蓬勃发展的阶段,数字阅读器为移动化阅读提供了技术和平台支持。此外,在《随着电子书流行的社会化阅读》中,学者们对Kindle等电子阅读器的标注、笔记及分享等众多功能进行了分析,认为Kindle等能够让购买了相同电子书的人共享笔记和用户标签,在阅读时能够看到其他用户所做的笔记,能够看到相应的段落、句子标注的次数。因此,席勒等学者认为,数字化阅读能够在很大程度上向移动化阅读转变。毫无疑问,阅读行为的数字化使移动化阅读迅速普及,加之互联网的不断升级换代促使社交媒体的兴起和迅猛发展,更为移动化阅读插上了腾飞的翅膀。关于社交媒体的互动化阅读功能,梅森在《社会化阅读:平台、应用、云计算与标签化》这一著作中,以Web2.0这一全新阅读模式为基础,研究读者与作者之间的身份建构和对话情况,对社会化平台的协作与共享式网络阅读这一全新的阅读方式进行了深入的分析。在分析中,梅森充分肯定了社会化阅读的现实价值和应用前景,指出社会化阅读的特征是个性化的推荐机制,其借助云储存和云计算,为读者搭建了较为完整的数据平台,并以此打造了一种全新的商业模式。

(2)关于移动化阅读应用的研究

有关移动化阅读应用的研究也是学者们集中关注的领域。

一是有关移动化阅读服务中信息技术应用的研究。这一领域的研究主要体现在智能化的应用方面,如姚方等将移动化阅读服务和人工智能结合起来进行思考,认为智能机器人能够提高阅读的效果,增加人们的满意度。张江生对移动环境及云计算环境下移动化阅读在提供信息服务时的协同机制展开研究,认为移动化阅读能够将移动计算的便利性、云计算强大的计算能力及储存能力结合起来,从而提高移动化阅读的服务效率和知识共享的能力。万斯在借用物联网技术的基础上构建移动化阅读服务的模型。

二是有关移动化阅读在移动教育中的应用的研究,如霍普金斯等人从参与式学习的角度入手,建议移动化阅读借助 Sound Cloud 和 Instagram 等社交媒体,将图片、音视频、Web 及图书定位技术融为一体,让参与式学习文化得以蓬勃发展。李惠允等对移动化阅读教育中不同用户在数字资源利用上的差异和特点进行了调查,指出不同的用户在使用移动化阅读系统、阅读效果方面均有着较大的差别,并在提升移动化阅读系统的利用率和阅读效果方面提出了相应的对策。达罗克等(2005)在进行深入的研究后指出,在移动化阅读中内容是否具有可读性和易读性会对用户的阅读效果产生影响,也会影响用户对平台的满意度。

三是有关移动化阅读系统及信息服务系统建设的研究。黄一明基于用户对移动化阅读服务系统的满意度这一视角,采用系统理论构建了一个移动化阅读系统模型,用它来评估移动化阅读系统的性能。莫雷诺指出,借助基于移动位置服务(LBS)模块,用户能够快速地找到自己想要的阅读资源,对地理信息系统(GIS)在移动化阅读服务方面的应用前景给予了充分的肯定。

四是关于移动化阅读用户的信息采纳行为的研究。李德刚和尹海燕运用技术接受理论,搭建了一个移动化阅读用户的接受模型,并对其进行了实证性的研究。余春晖以大学生为对象,研究了大学生的身份属性对其移动化阅读行为的影响。冯加图拉帕特等结合 TTF(任务/技术匹配理论)及 UTAUT(技术采纳与使用同一理论)理论,对影响移动化阅读的因素展开了研究。帕图埃利和拉比纳认为,移动化阅读器的内容展示形式及其本身的媒介形式会对人们的阅读行为造成影响。伍迪认为,用户在阅读时对着屏幕比较容易产生疲劳感。这与帕图埃利和拉比纳所指出的移动化阅读器的媒介形式会影响人们的阅读行为的观点是一致的。

五是关于移动化阅读的平台模式与用户使用意愿及使用行为的研究。在国外移动化阅读市场上,主要存在三种移动化阅读的平台模式,即垂直整合模式、"平台终端"模式、开放发展模式。其中,垂直整合模式的代表为亚马逊,"平台终端"模式的代表为苹果,开放发展模式的代表为谷歌。亚马逊的垂直整合模式采取"硬件+内容"这一极具特征的盈利模式,使其电子书平台占据了美国图书业的绝大部分业务量。鉴于亚马逊的影响,国外学者也纷纷对其展开了研究。金利·韦尔利指出,无论以何种终端来展示内容,以最适合用户需求的方式将内容呈现出来始终是亚马逊多年追求的目标。我们知道,在中国,占据移动化阅读终端市场的是智能手机和 iPad 等;而在国外,Kindle 等电子阅读器也拥有较大的市场,其普及率较高。罗斯·邓肯曾针对图书馆读者的移动化阅读情况进行了调查。该调查显示:28.38%的被访者使用的阅读终端为 Kindle,远高于 iPhone 的 17.57% 和 iPad 的 6.76%。在移动化阅读终端的用户行为研究方面,国外学者往往以移动化阅读终端为切入点,对用户的行为和体验进行实证研究。康业宇对用户在移动化阅读终端的使用偏好进行研究,并探讨了移动化阅读终端的可使用性问题,认为用户使用移动化阅读终端进行阅读时,比使用纸质媒体进行阅读更容易产生疲劳,然而移动化阅读终端使用起来非常便捷,因而其在可使用性方面占据较大的优势,所以用户仍然倾向于使用移动化阅读终端来开展阅读活动。同时,他还对用户的性别与阅读耐性这一问题进行了研究,发现在进行阅读时男性的耐性低于女性。基亚科娃·玛瑞亚等学者对移动化阅读的适用范围展开了研究,认为大学教师在开展教学时可以积极地运用移动化阅读器,并尝试融入某些技术,以取代纸质教材。同时,还将索尼电子阅读器及Kindle阅读器进行比较,指出索尼电子阅读器在开展教学活动时更具优势。在用户持续使用意愿方面,巴塔切尔吉摆脱技术接受理论的束缚,在对用户持续使用行为的研究中引入了期望确认理论(以往主要用该理论来研究消费者后续购买的情况),结合感知有用性等变量,构建了信息系统持续使用理论模型。利马耶姆指出,用户的使用行为并不完全由其使用意愿来决定,其他因素,如用户的先前行为、使用习惯等,均有可能影响用户的持续使用情况。利马耶姆据此构建出扩展的信息系统持续使用行为模型,并用之对在线学习系统进行实证性分析。

事实上,除对移动化阅读设备及移动化阅读的应用这两个方面展开深入的研究之外,国外学者也对移动化阅读App进行了一定的研究。在对移动化阅读App的研究中,学者们的关注点主要集中在其产品设计的特点、传播营销的方式及产品的推荐系统等方面。

1.3.1.2 国内的研究现状

在国内有关移动化阅读的研究中,学者们往往以移动新闻客户端为立足点,对移动化阅读的产业状况进行分析。在具体的研究中,虽然有关移动化阅读的研究成果颇为丰富,但学者们以理论探讨为主,实证性的研究并不多见,同时能够构建科学的理论模型和使用模型的研究也不多。总的来说,国内学者对移动化阅读的研究主要集中在两个方面:一是移动化阅读的应用的研究;二是移动化阅读的服务的研究。

(1)关于移动化阅读的应用的研究

一是有关新媒体在移动化阅读信息服务中的应用的研究。陈荣等以微信为例,探讨了高校图书馆采用新媒体开展移动信息服务的情况,指出在高校移动化阅读信息服务中微信所具有的特征和优势,并对高校学生使用微信的移动化阅读情况进行了调查研究。杨艳妮等以919所本科院校为对象,开展了国内移动化阅读移动信息服务的现状调查,通过对获得的微博发文数量、点赞数量和转评数量,微信公众号的阅读数量和点赞数量,以及移动化阅读 App 的下载数量等数据的研究,开发了一款移动图书馆 App,为移动图书馆 App 打造了相应的系统和主体架构,并在 UI 设计及功能模块设计方面取得了较大的突破,为移动图书馆 App 提供了有效的建设路径。众所周知,移动化阅读是在网络等新兴媒体的基础上产生的,没有新媒体的兴起就不会有移动化阅读。谢湖伟等以《南方都市报》的 Daily 及 ZAKER(传递价值资讯)公众号为例,以传播过程中的内容来源、用户的分享行为和反馈情况为维度,从内容的原创与聚合、用户对内容的采纳及分享等方面对二者的移动数字阅读的社会化情况进行比较研究,并以此为出发点,研究构建社会化阅读生态系统的可能性。吴赟等对数字媒体环境下的移动化阅读对人类生活的影响展开了探讨,从信息的选择、信息的呈现及信息的分享三个方面入手,研究了人们在移动化阅读中的行为方式。

二是有关移动化阅读中的用户行为及体验的研究。在用户行为方面,学者们都倾向于把用户看作阅读的主体。何琳等学者借助阅读认知及阅读学等理论,对 1850 名用户进行了调查,并对用户在移动化阅读中的使用行为进行了探析,指出用户在移动化阅读中以快速阅读为主,占 89.37%,在内容选择上以新闻资讯类与休闲娱乐内容为主,分别占 87.73%、66.22%,在时间和地点上则以暂时停留和临时地点为主。何希将国内和国外的两种阅读方式(纸质阅读和移动化阅读)进行对比分析,研究其发展现状,总结出了移动化阅读在便携性、移动性及互动性等方面的优势,并对影响人们开展移动化阅读行为的因素,如硬件、经济等进行调查,得出了移动设备的性能、价格及阅读成本等会影响用户的使用行为。在用户体验方面,钱鸥等以武汉大学移动图书馆为例,采用实证研究的方法,从阅读时间、阅读方式、阅读内容及阅读的便利性四个方面入手探讨图书馆阅读服务中用户体验的优化路径。陈晶晶对跨屏情境下数字阅读产品的用户界面模式进行了研究,结合相关案例,对界面设计的相关因素进行探讨,试图呈现跨屏情境对用户阅读界面模式设计的影响。谢雯对不同阅读设备对移动化阅读行为产生的影响进行研究,指出使用移动化阅读设备进行阅读时,环境的安静程度、字体、内容、可读性及易读性等都会产生影响,并对文字、色彩、版式、图形及动态效果等移动化阅读中的视觉体验设计要素的搭配和呈现提出相应的建议。

三是移动化阅读的应用产业链的研究。当前,一些学者从产业链的视角对移动化阅读 App 的应用展开了研究,虽然相关的研究尚不多,但相关的文献数量呈上升趋势。在研究中,学者们主要对移动化阅读产业链的构成及存在的问题、移动化阅读产业链的商业模式等进行了探讨。高春玲对移动化阅读产业链的构成、各企业对产业链的发展策略等进行了研究。章惠等对移动化阅读的发展趋势进行了研究,并提出了相应的发展对策。孔庆萍指出,移动出版已具备了较为完整的产业链。孔庆萍总结了移动出版的运营模式,就如何推动移动出版产业链的发展提出了建议。史建农对数字阅读产业链的整合模式进行分析,对数字阅读产业链各环节的发展状况进行研究。

四是关于移动化阅读运营模式的研究。我国学者也比较关注移动化阅读运营的相关模式,对较有影响力的阅读软件(如云中书城、豆瓣及掌阅等)所应用的模式都有过较为深入的研究。谭纯对移动化阅读的用户的平台内容选择倾向进行了研究,指出用户比较喜欢网络文学作品。刘亚等以大学生作为研究对象,利用威尔逊信息行为模型从用户的信息需求、信息搜索及信息处理三个阶段入手,研究大学生在移动化阅读中的行为,并分析了阅读中的干扰和激励两个因素。李苏彬对豆瓣阅读的平台定位和推广、技术使用及用户体验等进行了研究。胡蓉等从移动化阅读体系建设的视角,围绕用户体验,对平台的设计、平台的内容及功能服务等进行了研究,对用户在不同时空中的信息需求、阅读情景及阅读模式进行探讨。吴丹等对移动化阅读软件的试读体验,以及界面布局、互动性、易用性、实用性、必备性、阅读功能等多个方面的体验进行探讨,指出移动化阅读界面应该在用户细分、个性化定制及界面设计等方面做文章。李武等以中国、日本、韩国的大学生为调查对象,研究他们的移动化阅读行为,发现三国的大学生在使用移动化阅读的动因方面具有相似性:寻求娱乐、寻找资讯、进行社交,但三个国家的大学生在移动化阅读系统的使用方面也存在着差异,主要体现在平台提供的内容、阅读时所使用的终端及对阅读系统的满意度三个方面。陈桐利等选取了内容商、电子商务、电信运营商及社交网站等移动化阅读系统,从它们的目标与定位、收费、内容资源和功能等方面展开研究,对移动化阅读的发展方向进行了预测。

五是关于用户持续使用意愿的研究。在这个方面,我国的研究起步相对较晚,但也有不少学者进行实证研究。张晓红、熊婷婷等在武汉市多所高校的大学生(从专科到博士等各个学历层次)中进行移动化阅读的内容采纳数据收集,在对相关数据进行研究的基础上,最先构建手机阅读业务采纳研究的模型。侯海连在电子学习服务方面构建一个用户接受和持续使用意向的影响因素模型,其变量包括知识吸收、自我效能感、预期绩效及社会影响等。严安等对高校图书馆电子资源的用户持续意愿进行研究,并构建了相应的模型,在实证研究后证明用户的感知有用性和满意度与期望确认之间存在着正相关性关系。胡莹在信息系统持续使用模型的基础之上构建移动微博的用户持续使用意愿模型,并根据微博自身的特征加入信息系统性能等变量因素,通过结构方程模型路径分析得出满意度、感知有用性是影响其用户使用的关键性因素。在用户对平台内容的采纳意愿方面,付玲玲在国内外学者研究的基础上,构建移动化阅读行为研究模型,指出影响人们移动化阅读行为的主要因素。

(2)关于移动化阅读的服务的研究

一是有关移动化阅读信息服务质量评价及控制的研究。在这方面,张艳芳等构建了移动图书馆信息服务质量评价模型。沈军威等在移动图书馆信息服务质量研究中引入了合作博弈理论,在计算过程的基础上识别出目前影响移动化阅读服务质量的关键性不满意因素。赵杨和高婷以武汉大学图书馆移动订阅服务为例,引入流程建模方法对移动化阅读服务质量控制流程的设计思路进行分析。施国洪等从服务技术角度出发,构建了移动化阅读服务质量的影响因素模型。

二是有关移动化阅读用户需求及用户信息行为的研究。贺伟等结合整合式技术接受与使用模型理论,在综合考量信息质量、感知风险及平台服务质量的情况下,构建了移动化阅读用户使用行为意愿影响因素模型。李宇佳等从用户体验的视角,对移动化阅读用户的多样化需求进行了全面的研究。杨梦晴等引入信息生态理论,以信息素养为视点,对用户的信息意识、信息获取能力、信息评价能力和信息利用能力等因素对移动化阅读行为的影响展开了研究。

三是有关移动化阅读应用服务策略的研究。孙金娟等认为,人们要开展移动化阅读服务,必须具备移动化阅读设备、信息资源、互联网及用户等条件。谢蓉等在进行调查研究的基础上,从内容、服务及技术等方面为高校图书馆推广移动化阅读提供了较有价值的策略。付跃安采用SWOT这一分析框架,对我国图书馆移动化阅读所面临的机遇及问题进行了较为详细的研究,并在构建移动化阅读系统和丰富阅读内容方面提出了相应的建议。

四是有关移动化阅读需求的研究。随着移动化阅读的不断普及,人们的阅读需求发生了较为显著的变化。学者们也展开了较有价值的研究。李臻等利用量化研究的形式,对用户的阅读需求进行了调查研究,并提出了相应的策略,如重视低端基础用户、拓展更高需求用户及拓宽发行渠道,引进更为多元化的内容,寻求合作以降低成本等。康健等对高校移动化阅读服务的难点进行研究,指出当前高校移动化阅读存在格式各异、数字资源系统检索不统一、多屏适配和显示困难、访问模式千差万别、运营商的资费各不相同及版权保护存在漏洞等一系列问题,并针对存在的问题提出了相应的对策。

五是有关终端设备服务的研究。黄晓斌等从功能、内容、技术及硬件性能等方面入手,构建了移动化阅读终端的可用性评价指标体系。肖韵等从学历角度入手,指出专科以上学历的人群是移动化阅读运营中应该重点关注的群体。叶甜以使用动机为视角,采用扎根理论,对大学生开展移动化阅读的诱导因素进行了研究,认为携带方便、能够及时获取信息及强大的娱乐功能是移动化阅读设备吸引大学生阅读的重要原因。

除了对移动化阅读的应用、服务等进行研究之外,国内学者还对移动化阅读App进行了研究,主要体现在概念界定、功能体验、用户满意度及App的内容、界面和个性化服务等方面。此外,个别学者也对移动化阅读App的社群化经营进行了研究。

纵观国内外有关移动化阅读的研究,我们可知,学者们都比较关注移动化阅读的应用、移动化阅读的服务及移动化阅读的设备等领域,并围绕这几大领域开展了多层次的研究。这些研究对移动化阅读 App 的打造和阅读服务的改进具有重大意义。然而在研究中,学者们对用户体验和信息分享的关注较少,对移动化阅读勃兴的动因、移动化阅读对现有阅读生态的影响及读者的文化素养的要求等方面的研究更少见,而这些都对移动化阅读的运营有着极大的影响。鉴于此,本书将在现有文献的基础上,重点对移动化阅读勃兴的动因、移动化阅读与阅读生态的变迁及移动化阅读中用户的阅读素养等因素展开研究,使相关的研究更为完善。

1.3.2 关于乡村移动化阅读发展路径的研究

在国外,学者们对乡村移动化阅读发展路径的研究较少。综合目前的资料,笔者发现国外也鲜有关于"全民阅读"的研究,一些学者对农村图书馆进行了研究,但主要集中在 ICT 技术在农村图书馆中的应用,如福斯拉姆对孟加拉国北部地区的农村图书馆进行了调查,重点对其服务内容等进行研究,找到孟加拉国北部地区农村图书馆的共同特点,并以此为例,对其他发展中国家的农村图书馆的建设提供了较有指导价值的服务模型。罗斯·比尼·欧奇将文化水平普遍偏低的尼日利亚作为研究对象,对尼日利亚公共图书馆为农村图书馆提供的各种帮助进行研究,分析公共图书馆的帮助行为给农村居民带来的积极作用。

而在国内,关于乡村移动化阅读发展路径的研究主要集中在农家书屋的移动化阅读方面。2007 年 3 月 13 日,新闻出版总署会同中央精神文明建设指导委员会办公室、国家发展和改革委员会等八个部委正式印发《农家书屋工程实施意见》。该文件颁布后,在国家的科学安排、部署和社会各界的踊跃参与下,我国农家书屋的建设如火如荼地推进,学者们也对农家书屋进行了相关的研究。这些研究主要集中在农家书屋的建设和管理方面。黄祖祥指出,农家书屋的建设需要走公共企业联合办馆、乡镇协助办馆及个人出资办馆等道路。马功兰等对农家书屋的管理进行了研究,提出了若干与农家书屋的书籍管理、配置等的相关意见。吴漂生以江西省宜春市岐山村的农家书屋为研究对象,对相关的读者进行与文化需求相关的调查,以此为基础对农家书屋难以满足读者需求的原因进行分析,并提出相应的解决措施。李春艳等以云南省红河州沪西县农家书屋的建设情况为例,对边疆民族地区的农家书屋建设中存在的问题展开了研究,并针对有关问题提出了相应的解决对策。丛湘平指出,应该合理配置农家书屋的图书,整合资源,实施共享工程,想方设法激发乡村民众的阅读积极性;规范管理,建立志愿者队伍并拓宽服务功能,以此推动农家书屋的可持续发展。徐林指出,要加大公共图书馆在农家书屋建设中的作用,让公共图书馆充分利用自身的资源、人员素养和服务优势,帮助农家书屋实现规范管理,增加农家书屋的藏书量并不断提升其服务水平。此外,在农家书屋建设的研究中,还有从出版物的角度进行探讨的学者,如张利洁认为,国家应该根据乡村读者的特殊需求,重点加强对农业科学技术类出版物的资助,而对于那些不存在阅读鸿沟的书籍则可以采取捐赠的方式更新补充,这无疑有助于解决农家书屋的资金短缺问题。

随着互联网的发展和不断普及,移动化阅读也走入了广大的农村地区,国家建设了很多数字农家书屋,广大村民可以借助智能手机等移动化阅读终端随时随地登录农家书屋的网站开展阅读活动,自主地寻求自己所需要的信息,因此不少学者也对农家书屋的移动化阅读进行了研究。相关的研究主要集中在农家书屋的移动化阅读服务方面。王勇安等在对西部地区农家书屋的用户需求进行详细调查的基础上,提出了农家书屋移动化阅读服务的建设路径,即"以提高资源整合为基础,以加强内容管理为保障,以完善内容服务为方向",提倡建设在线阅读的数据内容资源中心,以方便广大村民检索阅读。卢晓军等指出,农家书屋应该积极利用"三网融合"的政策,搭上农村现代信息网络发展的快车,实现技术、平台和传输网络等多方面的数字化,推动农家书屋移动化阅读的发展。汪萍深入研究了卫星数字农家书屋的建设情况,指出其优势和不足,认为可以在终端和传输渠道商等方面上下功夫,采用强连带渗透传播、差异化传播及融合传播等传播方式,助推数字农家书屋的发展。胡万德等则对建设数字农家书屋的信息共享平台进行了探讨。孙鹏认为,数字农家书屋必须找到几个抓手促进自身的发展,即构建政策体系、筹划人力体系、打造资金链条、建设技术团队及统筹数字资源等。在农家书屋移动化阅读服务实践进展方面,各地政府积极利用"互联网+"的优势,建立数字农家书屋,使移动化阅读资源走进田间地头,让广大村民能够随时随地进行阅读。对此,一些学者也开展了较有价值的研究。此外,还有学者对村民移动化阅读的相关需求进行了研究,如何德华对村民信息采纳行为的影响因素进行了研究;吴先锋对乡村移动信息服务对消费者接受行为的影响因素进行了研究;李浩君探讨了影响农村移动学习的因素;陆敏玲对村民在移动化阅读中的信息采纳行为和持续使用意愿进行了研究;冯笑笑等对移动服务在浙江省农村地区的使用情况进行了探讨。

综上所述,国内、外都对乡村的移动化阅读进行了研究,尤其是国内的研究成果较为丰硕。无论是国内还是国外,现有的研究都很少对农家书屋移动化阅读服务的模式进行探讨,而毫无疑问对模式的研究是助推乡村移动化阅读发展的有效渠道。同时,不少研究是具有个案性质的,其普适性尚需进行检验。此外,在相关的研究中,讨论乡村移动化阅读存在的问题的文献比较多,而探讨搭建阅读平台的技术支撑的比较少,也鲜有令人信服的对打造乡村移动化阅读系统的经验和路径的探讨。在国家提倡"全民阅读"的背景下,缺乏上述相关方面研究无疑是一件令人遗憾的事情,因为实现"全民阅读"、国家振兴的重点和难点都在农村。正因为如此,本书以"中国乡村移动化阅读的发展"为主题,在充分考察乡村移动化阅读存在的问题和面临的机遇的基础上,深入探讨乡村阅读生态的变迁,详细研究乡村移动化阅读的素养,全面分析构建乡村移动化阅读运营的技术逻辑和路径,毫无疑问,这样的研究能够在一定程度上弥补当前乡村移动化阅读研究的不足,并能够在构建科学合理的乡村移动化阅读系统方面有所建树,对助力乡村振兴有着极大的意义。

1.4 研究思路及框架、研究方法及拟解决的关键问题

为了更好地对"中国乡村移动化阅读的发展"这一主题展开研究,笔者采用如下研究设计:第一,弄清需要研究的对象及具体的研究思路,在明确对象和思路的基础上搭建整个研究框架;第二,全面思考需要重点研究的问题,对涉及的重要理论和概念进行较为深入的分析和明确的界定;第三,在弄清研究对象、思路和问题的基础上找到合适的研究方法;第四,明确研究对象和方法后,在相关研究思路的指导下,对相关的问题进行深入的研究。

1.4.1 研究的思路及框架

为达到研究目的,本书以新媒体赋权下移动化阅读生态的变迁为基点,研究乡村移动化阅读的发展路径,在对"中国乡村移动化阅读的发展"展开研究之前,首先对涉及的相关理论,如发展传播学、信息扶贫、场景等进行梳理,对乡村移动化阅读、社群经济等概念进行界定,然后对乡村移动化阅读体系的建构状况、村民的文化素养、移动化阅读体系建构中的机遇与威胁等问题进行探索。

在具体的研究中,本书将对相关的研究问题进行深入的探讨,力求得出科学的结论和建议。按照这一研究思路,本书从绪论、乡村移动化阅读的勃兴、乡村移动化阅读的素养、乡村移动化阅读面临的机遇与挑战及乡村移动化阅读发展的路径五个方面展开,并在最后进行总结和讨论。

第一部分主要介绍研究背景、目的和意义,对涉及的理论和概念进行阐述和解释,对已有的文献进行综合梳理和评述,对相关的思路、内容和方法进行介绍,对研究的关键性问题进行归纳,并分析研究的创新之处。

第二部分对新媒体赋权下乡村移动化阅读生态的变迁进行探讨,对乡村移动化阅读平台勃兴的动因进行考察。

第三部分对乡村居民的文化素养、阅读习惯、内容的采纳等进行考察,

以掌握移动化阅读服务对象的基本情况,并在此基础上有针对性地培养他们的阅读行为。

第四部分主要对乡村移动化阅读平台的打造现状进行研究,剖析乡村移动化阅读平台发展的内部优势和劣势及外部机遇与威胁,为后面的研究奠定坚实的基础。

第五部分是本书最重要的部分,主要为乡村移动化阅读的发展寻找科学的方法,从而为乡村移动化阅读的运营提供较有价值的建议,为"全民阅读"和乡村振兴提供一条有效的路径。

最后,对整个研究进行总结,并对乡村移动化阅读的竞争态势、未来发展走向等进行讨论。

1.4.2　研究的方法

本书主要采用了田野调查法、深度访谈法及文献分析法三种研究方法。

1.4.2.1　田野调查法

在华东、华北、华南、华中及西部地区各选取 1~2 个有代表性的村庄,对其移动化阅读平台的现状和打造方法等进行调查,使整个研究能在把握现状的基础上得以有效推进。问卷发放情况:在华东、华南、华北、华中和西部地区分别发放问卷 100 份,共发放问卷 500 份。收回有效问卷情况:华东 92 份、华南 87 份、华北 96 份、华中 95 份、西部 98 份,有效问卷总数为 468 份。

1.4.2.2　深度访谈法

笔者分别找到 5 位以上学界专家及 10 名以上乡村居民进行深入访谈,力争在访谈中了解社会大众对构建乡村移动化阅读的价值、发展路径等方面的认知情况,以进一步提高本书的学术水平。

1.4.3　拟解决的关键问题

笔者力求解决以下关键性问题。

一是信息传播科技与阅读方式的变迁问题。这一问题是解决乡村移动化阅读勃兴的动因问题的关键。

二是乡村居民在移动化阅读方面的文化素养和阅读习惯问题。这一问题是体现乡村居民的阅读素养,进而有针对性推送阅读信息的关键。

三是乡村移动化阅读发展的场景构建问题。这一问题是解决信息推送、提升用户体验等问题的关键。

四是乡村移动化阅读的优势、劣势、机遇与威胁问题。这些问题能为乡村移动化阅读的发展提供具体策略和现实依据。

五是乡村移动化阅读的发展路径问题。这是整个研究中最为重要的问题,必须作为一个关键性问题来解决。

1.5　研究的创新之处

一是提出了移动化阅读素养这一概念,并对其进行界定和分析,为在村民现有的文化素养、阅读习惯和内容采纳的基础上确定移动化阅读的知识层次指明了方向。

二是探讨了乡村移动化阅读发展的用户信息采纳问题,为乡村移动化阅读运营商的信息推送、用户行为的培养等筑牢基础。

三是提出并合理界定"场景效能感"这一概念,为乡村移动化阅读运营商更好地利用场景吸引用户提供较好的理论指导。

本章小结

本章着重介绍了研究的背景、目的和意义,对涉及的理论和概念进行阐述和解释,对已有的文献进行综合梳理和评述,对相关的思路、内容和方法进行介绍,对研究的关键性问题进行归纳,并指出研究的创新之处,为后续的研究奠定了坚实的基础。

2 新媒体赋权与中国乡村移动化阅读的勃兴

任何技术的发展进步都会在其特定的领域中引起相应的变革。就阅读来说,受信息传播技术的影响,人类的阅读生态也在不断发生变化:从最初的树皮、石头等阅读方式演进到兽骨阅读,接着从兽骨阅读演进到竹简木片阅读,慢慢地又从竹简木片阅读演进到绵帛阅读,然后又从绵帛阅读演进到纸张阅读,目前又从纸张阅读演进到电子化的移动化阅读阶段。每个阶段的变迁不仅是阅读方式的嬗变,而且反映了技术服务的进化和人类文明的进步。

2.1 人类阅读形态的演变概述

人类的阅读形态不是亘古不变的,在信息技术的推动下,其始终在不断地演变。

2.1.1 人类阅读形态的变革

在传播科技的赋权下,人类的阅读方式不断发生着变化。众所周知,阅读媒体的形态连接着阅读领域的革命。随着阅读媒体形态的不断嬗变,技术在阅读领域中至少引发了三次伟大的革命。

第一,树皮、兽皮、兽骨、竹简、木片及绵帛等可以实现较大面积的书写,且相对便于携带的媒体的出现使人类开始进入了较为文明的信息传播时代。从结绳记事到在各种原始的媒体上进行书写,说明阅读已经由一种符号转化为文字,它使人类的阅读开始成为一种行为。而商朝的青铜器及春秋时期的简策和锦帛等媒体形态使阅读成为我国古代文明传播的主要方式。随着这些媒体的逐渐推广应用，人类的信息传播也超越了口语传播的范围，进入文字传播阶段。它大大地拓宽了人类信息传播的范围，提高了信息传播的速度，并能将有价值的事件以可靠的方式延续下来。这次阅读领域的革命，建立在人类制造和使用媒体的能力提升的基础上，开启了人类信息传播和阅读的新篇章。不过，我们也要注意到，在这个阶段，无论是阅读时间、空间的普及还是民众阅读的积极性，都还存在着较大的局限性。

第二，纸张和印刷术的出现、逐渐普及将人类的阅读带入了纸质阅读时代。众所周知，东汉的蔡伦在105年创造性地发明了植物纤维纸，使得人们开始利用纸质媒体进行信息传播和阅读，人类的阅读发生了翻天覆地的变化。在这个时代，人们不但能够轻易携带媒体并进行较为方便的阅读，还能够大量地复制和传播信息。这一阅读方式大大加快了人类文明的发展进程。在这次革命中，人类在阅读方面获得了技术进步带来的巨大便利，不同文化得以在更为广阔的时空之中交流和碰撞，人类文明的繁荣程度超出了人们的想象。不过，这个阶段仍然存在一些缺陷，如阅读的互动性不强、文明的传播速度仍然相对较慢等。

第三，计算机和互联网的诞生使人类的阅读载体发生了根本性的变革，随着数字媒体的发展，人类的阅读也进入数字化阶段，移动化阅读方兴未艾。新媒体赋权之下的移动化阅读对传统的阅读方式产生了巨大的冲击。在移动化阅读阶段，人们能够随时随地开展阅读活动，只需轻轻点击鼠标和键盘，各种各样的信息就会迅速呈现在眼前，人类的阅读形态更为成熟。在移动化阅读阶段，除了能够随意点读信息之外，人们还能够在阅读中进行实时的交流互动。在这种情况下，无论是繁华的都市还是偏远的乡村，技术都将时空抹平了，人类阅读的主动性得到了空前的加强。在这个阶段，无论是信息传播还是阅读，借助数字媒体，人类的相关活动都突破了时空的限制，并能在全球范围内进行交流和互动，信息的流通和文明的交流无论从频度还是从量上来说，都是空前的。不过，在这个阶段，阅读存在时间和内容的碎片化情况、阅读深度远远不足。

当然，人类阅读方式的变迁还受到其他因素的影响，如特定阶段政治、经济的发展水平和教育发展状况等,但这些因素的作用不是最主要的,因为阅读方式的变迁需要的条件是多种多样的,如信息载体的变化、阅读形态和模式的变迁、阅读场景的变化等,而这些变化和变迁都依赖于技术的发展进步。正是在技术的影响下,阅读在时间、空间及信息量上得以不断地扩散,而人类总是最大程度地使用所处时代最能使阅读得以扩散的媒体形态,因此可以说在当前乃至今后相当长的一段时间内,有声图书、数字化音频及视频等将是人类阅读方式的主流。特定的阅读形态依赖于特定的技术,如移动化阅读得益于数字技术和移动化阅读终端的兴起,然而我们也要知晓特定的阅读形态也会引起人们阅读习惯的变化。随着数字技术的发展,移动化阅读能够在覆盖传统阅读内容的基础上开发更多有价值的阅读内容,呈现更多具有体现性的阅读方式。

2.1.2　移动化阅读与社会变革

可以肯定的是,当前移动化阅读并不能完全取代传统的阅读方式,两种阅读方式将并存较长的时间,但二者之间并非没有主次,移动化阅读毫无疑问是主流的阅读方式。对人类的发展进步来说,移动化阅读的价值无疑更为巨大,这是因为具有公共性的阅读能够让各种文化充分地交流碰撞,能够让民众更加关注人类发展的前途和命运,而移动化阅读的社交性无疑让其在公共性阅读方面更有天然的优势。人类的阅读有着极为悠久的历史。在传统阅读时代,人类的阅读也具有一定的公共性,如苏格拉底在古希腊的集市上当着民众公开宣讲自己的思想、19世纪人们在巴黎的林荫大道上进行阅读、卢梭在一系列集会上朗读《忏悔录》,这些都是公共阅读的典范,在促使旧思想体系的瓦解、播撒新思想方面起着巨大的作用。在新媒体时代,一系列信息阅读场景的搭建吸引着人们纷纷进入新媒体空间开展阅读活动,在人们的移动化阅读中,政治、经济和文化等领域很容易形成一个个公共领域,这使得阅读不仅是人们日常生活的重要组成部分,而且是人类文化的重要组成部分,同时是推动社会变迁的有力武器。这就是我国大力提倡"全民阅读"的重要原因和意义。如果没有阅读活动,人类的生活空间将会是灰暗的,人类社会的发展将会大打折扣。

由于移动化阅读天然的公共性,所以我们必须经营好移动化阅读。事实上,随着信息传播科技的发展和移动化阅读终端的普及,人们纷纷离开传统媒体,进入新媒体空间开展阅读活动。由于新媒体阅读碎片化的存在,所以不少人看衰了人类的阅读,认为在新媒体时代人类的阅读出现了危机。因此,在人工智能、移动网络、VR等蓬勃发展的今天,人们应该如何开展阅读活动成为一个重要的问题。而在提倡"全民阅读"且移动化阅读普及率不断提高的背景下,解决这一问题显得更为紧迫。可以肯定的是,在新媒体时代,人们的阅读更为普遍和便捷,因而我们不应该思考人类"是否还在阅读"这一问题,而是要思考人类"如何开展阅读活动"这一问题。因为媒体形态的变化非但不会终结人类的阅读活动,反而会推动人类的阅读活动向纵深发展。媒体形态的不断变迁使阅读成为一个经常变化的概念,当阅读的信息载体发生变化时,阅读的状态与方式也会发生变化,这时人类就要重新拓展阅读的内涵。难怪史蒂文·罗杰·费希尔等阅读史研究者会作出断言:"无数的变革造就了阅读史。……电子阅读本身,将以其丰富多彩的活动最终定义'读'这一概念。"类似移动化阅读终端,如智能手机、iPad等阅读工具对旧有的阅读形式造成的冲击,人类在其阅读史上已经遇到过很多次。但令人称奇的是,不管阅读终端怎么变化,人类的阅读活动并没有消失,反而在变换的阅读形态下愈加频繁地进行着。我们都知道,媒体的形态和体验感是人们开展阅读活动的重要选择,新媒体造就了更为符合人类阅读需求和体验感的阅读形态,能够让人们在阅读中形成新的社会关系,且能够在很大程度上改变现有的社会权力结构,如相对于竹简、绵帛阅读来说,在印刷术时代,大范围阅读使宗教改革成为人们极为重要的社会诉求,并在许多国家掀起了轰轰烈烈的宗教改革运动。从这个方面来说,阅读是社会变迁的重要体现,是社会关系变革的重要力量。因此,伴随着移动化阅读的兴起,我国的乡村社会将会发生怎样的变迁成为重要的问题,我们期望的是,移动化阅读能够使乡村建设取得重大成就,能够使乡村的物质文明和精神文明都取得长足的进步,能够使乡村振兴变成现实。

近年来,随着移动化阅读经营模式的逐渐成熟,中国乡村的"全民阅读"逐渐兴起,各种各样的阅读软件开始向农村延伸,移动化阅读运营商积极采用融媒体的形式向农村推送丰富多彩的阅读信息,吸引广大村民参与移动化阅读,使得乡村的阅读发生了巨大的变化,如大范围地利用新媒体组织、运作移动化阅读,让新媒体与传统媒体形成联动,实现阅读的线上、线下融合,以移动化阅读为依托,开展多种多样的文化活动。我们运用移动化阅读来界定当前的阅读形态基于以下两个前提:一是人类的阅读介质已经迅速地向智能手机等移动终端转移,人们的阅读活动出现了在实体空间与虚拟文本之间不断穿梭的情况,即新媒体时代的移动化阅读已经让人们不再受时间、地点的限制,人们在特定的时空中阅读虚拟空间中各种各样的信息,并展开社会关系的书写和构建等一系列综合的身体实践活动。二是人类的阅读活动能够在多种文本之间来回移动,使移动化阅读成为一个具有整合性质的符号拼贴和解读的过程。在印刷时代,人们阅读的文本以文字信息为主,间或穿插一些图片。而在新媒体时代,文字、图片、音频和视频相互交融,人们的阅读成了一种调动全身体验的活动。正因为如此,麦肯锡极力主张对人类阅读的文本进行重新界定,指出耳朵听到的、眼睛看到的、嘴里说的都是文本,新的读者创造新的文本,新的意义是文本的新形式发挥作用的结果。

客观地说,移动化阅读产生的影响是世界性的。鉴于阅读的重要意义,早在1995年,联合国教育、科学及文化组织(UNESCO)就把每年的4月23日定为"世界读书日"。在世界读书热潮的影响下,我国启动了"全民阅读"计划,在偏远的农村积极实施"农家书屋"工程,民众的文化素养也因为阅读而不断提升。尤其是在移动化阅读迅猛发展的今天,阅读的多元化表征更为明显,阅读的内容、方式更加多样化,阅读的意义也更为重要。早在2008年世界读书日前后,《环球时报》就联合环球网对中国民众的阅读问题进行调查。多数网友认为,中国民众的图书阅读率近10年来持续走低,以纸质图书为媒介的传统阅读行为每况愈下。毫无疑问,纸质阅读的低迷与移动化阅读的兴起有着极大的关系。

2.2　新媒体赋权与中国乡村移动化阅读生态的变迁

由2.1的论述可知,数字技术的蓬勃发展使人类的阅读方式从"纸质化"走向了"数字化"。得益于各种各样的移动设备,人们可以不分时间、地点阅读以数字形式呈现的丰富多彩的内容,移动化阅读成为新的潮流。这种阅读方式能够在构建用户信息体验场景的同时,根据用户的需求提供个性化的服务,使用户的阅读兴趣得以大大提高。可以肯定地说,在国家积极推进智慧工程建设、智慧经济迅猛发展的今天,契合人类的生活趋势、具有智能化和便捷化特征的移动化阅读必将大有可为。

2.2.1　新媒体赋权与乡村阅读生态的变迁

20世纪六七十年代,欧美等发达国家就提出了赋权理论。总的来说,赋权理论将赋权看作一种"赋能"行为,即赋予某人、某个群体或者某个社会的某种能力或者权力,让他们或它们可以做什么,或者在某种资源的支撑下能够更容易做什么。最先对"赋权"进行科学界定的是知名学者所罗门,1976年他指出赋权是社会工作者和赋权对象在参与活动中使得赋权对象减少因刻板印象和负面评价而导致无权的过程。这个过程包括发现导致问题的权力屏障,以及确立减少间接权力障碍效果的具体策略。后来,莱文在1987年扩大了赋权的范围,首次把赋权看作一种精神状态,并指出赋权是对某些权力阶层的权力进行分配的过程。通过对权力的再次分配,那些特权阶层、精英阶层的权力不断减少,而之前处于"无权"或者"少权"的民众由于获得了赋权而扩大了自己的权力范围。我国学者陈湘玉等认为,赋权是指赋予或充实个人或群体的权力、挖掘与激发个人潜能的一种过程、介入方式和实践活动,是个人控制生活与所处环境的一种参与过程,主要包括个体、人际关系和社会参与三个层次。值得一提的是,美国知名传播学大师罗杰斯是最早将赋权引入传播学的学者。在《赋权与传播:来自社会变革的组织经验》这一经典著作之中,罗杰斯把赋权看作"一种传播过程,这一过程往往来自小群体成员之间的交流"。在罗杰斯之后,詹姆斯等人也加入赋权的研究,认为在不少国家尤其是发展中国家,由于社会赋权的不平等,导致人们在信息的传播过程中获得的信息数量和质量存在着巨大的差异,贫困群体更难获得满足其需要的信息。

由此可知,在信息传播中赋权对广大乡村民众的重要性。信息传播不对称将严重影响村民的生产和生活。幸运的是,在移动互联网的赋权下,村民在获取、传播信息方面获得了较大的主动权,其信息获取和传播的能力也大大提升。体现在移动化阅读方面,就是席卷全球的移动互联技术使人们能够将数字技术运用于阅读,在一大批新媒体的赋权下,人类的阅读方式发生了巨大的变化,即使在偏远的农村,数字技术也能满足读者多样化的阅读需求,为细分乡村阅读市场提供了可靠的依据。随着村民越来越多地采用移动化阅读这一方式,传统的纸质阅读方式日渐式微,乡村的阅读生态发生了巨大的变化。当前,移动化阅读的马太效应较为明显,许多专门经营移动化阅读的公司将目光投向了乡村市场,他们根据村民的需求和阅读习惯灵活多样地推送对农信息,希望通过专业化的乡村信息服务锁定乡村阅读市场。移动化阅读 App 是一种具有数字化性质的客户端。借助这一平台,移动化阅读运营商能够很快捕捉到村民的个性化的信息需求,能够及时地将信息传播出去,且传播成本较低。这些优势是传统纸质媒体难以实现的。具体来说,移动化阅读在推动乡村阅读发生变化上具有以下几个作用:一是为村民提供了与城市接近的阅读服务水平;二是为村民全面参与阅读和互动提供了坚实的基础;三是为村民提供了空前丰富的阅读内容;四是能够满足村民的碎片化、体验化阅读需求。正是基于上述作用,村民的阅读迅速朝着移动化的方向迈进。可以说,数字化的转型大大地开拓了乡村的移动化阅读市场,使乡村的阅读生态发生了巨大的变迁。

可以肯定的是,随着移动化阅读内容的丰富和人们在阅读中互动性的加强,以网络为代表的新媒体正在改变着村民的阅读及交流方式,进而改变着乡村的信息传播方式,乃至广大乡村民众的生活方式。在当今世界,移动化阅读与各种传统阅读方式交融发展,使得阅读显现出多样化和丰富化的特征。可以说,个性化、多元化和数字化是当前人类阅读的特点。在互联网飞速发展和不断应用的背景下,人类知识量呈现爆炸性的增长,人们的信息消费随处可见,社会节奏在不断地加快,乡村的阅读活动也在广泛而深刻地进行。在这种情况下,电子出版、网络出版蓬勃发展,自出版、博客出版等各种出版形式应运而生,与传统的图书出版交融并进,为乡村阅读提供了更为丰富多彩、个性化的信息。可以说,多元出版技术为乡村民众的多元化阅读提供了平台支撑。2009 年,英国有一份调查显示,在 25 岁以下的人群中,有超过 30% 的人以阅读电子出版物为主。2010 年,中国的手机阅读这一极具代表性的移动化阅读形式就进入了市场盘整期,但在盘整中仍然保持着较快的发展速度。在这个阶段,中国的手机阅读出现了用户数量急剧攀升的态势,用户对用手机进行阅读有着积极的认知态度。2010 年,中国的手机阅读市场拥有将近 2 亿的活跃用户,手机阅读的市场收入接近 6 亿元,年增长率达到 13.4%。而随着移动互联网的发展,手机阅读用户的数量和市场收入都出现了暴增的趋势。移动互联和移动化阅读终端的发展和普及极大地改变了城乡,尤其是乡村传统的阅读形态和阅读方式,之前以报纸、图书、杂志、广播及电视为阅读载体的市场发生了巨大的变化,移动化阅读的强势介入使乡村阅读也进入了读书、听书、互动交流的时代。这就是当前的移动化阅读生态,其变化对人类的生产和生活方式都产生了巨大的影响。

2.2.2 阅读生态变迁背景下中国乡村民众的阅读活动

2.2.2.1 乡村民众的"浅阅读"与"深阅读"活动

在移动化阅读的冲击下,乡村民众的阅读生态发生了巨大的变化,而这种变化又推动着乡村民众阅读活动的变化。总的来说,对于数字时代的阅读,人们关注得最多的是阅读的"深"和"浅"等问题,即"深阅读"和"浅阅读"。浅阅读就是浅度阅读,是读者基于猎奇和兴趣所开展的浅度阅读,是在快餐文化流行的背景下产生的。在浅阅读中,读者往往是跳跃性、浏览性、碎片性地阅读，读者的随意性比较大，往往是为了寻求娱乐开展阅读活动。浅阅读一般不能让读者吸取到知识的精髓，甚至会降低读者的思考能力。然而在信息大爆炸的今天，人们的生产、生活节奏极快，休息、娱乐时间的碎片化特征尤为明显，大多抽不出足够的时间进行深阅读，因此浅阅读仍然具有存在的价值。包括纸媒阅读在内的传统阅读的衰落、新媒体赋权下的移动化阅读的勃兴，实际上是在信息内容和时间碎片化的背景下人们的阅读习惯从深阅读向浅阅读转变的重要体现。

在数字媒体迅速普及的今天，乡村的阅读环境及阅读习惯都发生了较大的变化，正由纸质阅读向移动化阅读迈进，移动化阅读产业的价值在短时间内实现了快速的增值，移动化阅读实现了跨越式的发展。在这种情况下，网络出版及自出版纷纷出现、电子书大量普及、电子阅读器蓬勃发展，移动化阅读的盈利模式不断翻新。可以说，以移动互联网为代表的新兴媒体的广泛应用和广大民众阅读习惯的变迁促进移动化阅读的发展，移动化阅读的市场前景极为广阔。然而作为我国移动化阅读重要环节的数字出版仍然处于重视文字的具象设计阶段，很难适应移动化阅读阶段受众期望调动多种感官进行阅读的要求，所以在移动化阅读极为流行的今天，要向农村用户提供优质的阅读资源，相关的运营商就要将传统的阅读资源转化为现代化的数字资源，不断推出新潮的电子阅读资源，并针对用户的浅阅读需求推出相应的内容，使读者在阅读时不仅能够找到言情、幻想、竞技、浪漫、灵异、科幻、时尚、励志等信息，也能找到符合乡村科学发展的科技类信息。同时，在阅读场景方面，乡村移动化阅读的运营商要致力于打造适合乡村民众阅读的 App，使他们不仅能在家里的任何一个角落阅读，也能够在外出时在各种交通工具上阅读，还能在田间地头阅读，创造"一边耕田一边读"的阅读场景。

众所周知，在移动信息的出版和推送方面，不仅有专门的媒体和出版单位，还有很多网络公司。在内容生产方面，相对于专门的图书出版商而言，网络公司在资金、技术和市场推广方面更有优势，但网络公司在信息的生产中主要致力于快餐文化的生产，其主要产品仍然是青春、奇幻类信息，它们的读者对象主要是青年群体,很难在农村的移动化阅读市场中占据优势,因为其广泛性和专业性都存在不足之处。基于此,乡村移动化阅读必须向深阅读转变,因为在数字阅读时代"深阅读"拥有较大的市场空间。

所谓深阅读,就是深度阅读。在深阅读过程中,读者往往对相关的内容进行阅读、了解、思考、记忆,并最终掌握相关的内容。一般来说,深阅读能够培养读者的思考、逻辑推理、判断和感悟能力,能够让读者吸取所阅读内容的精髓。由于农村民众在产品形态、信息获取等方面存在特殊性,因此深阅读仍然较为重要。这主要体现在服务乡村振兴的知识上。服务乡村振兴的知识属于应用型知识,对广大乡村民众来说,其往往具有一定的复杂性和难以理解性,因此乡村民众需要进行深度的阅读才能掌握其要领。在这种情况下,移动化阅读的运营商需要将数字阅读资源进行有效的整合,以较为明确的方式推送内容,采用多种传播方式调动广大村民的阅读积极性。

在今天,与浅阅读相比,深阅读优势并不明显,但这并不意味着浅阅读会长期占据阅读市场。当数字出版、新媒体信息的生产和传播不断深入推进时,人们的阅读行为又会从浅阅读转向深阅读。浅阅读能够让乡村民众在短时间内获得大量信息,并能够为他们提供足够的休闲和娱乐。然而对整个乡村社会来说,倘若要实现文化的有效传承、提升广大村民的文化素养,进而早日实现乡村振兴,深阅读就必须受到应有的重视。直白地说,浅阅读能够培养数量庞大的"知识分子",但无法培养真正掌握乡村振兴知识的专业人才,而国家发展和乡村振兴的关键在于培养有知识、懂经营、会管理的新型农民,深阅读在培养新型农民方面具有重要的作用。从乡村移动化阅读运营商的角度来说,要推广深阅读必须做好以下三项工作。

一是同步推进传统阅读和移动化阅读。对传统阅读来说,信息提供商对信息的更新并不及时。对农村发展来说,不少图书都存在信息的滞后性。因此,乡村移动化阅读的运营商应该及时更新传统阅读的信息,如在提供某本图书纸质版的同时,及时上传其电子版;在传统图书即将推出时应该借助新媒体做好宣传造势工作,形成移动化阅读信息与传统阅读信息互动的局面。其实,传统阅读中的期刊、图书等很难被及时推广到乡村,主要原因有三个：首先，移动化阅读运营商尚未形成将传统纸质信息资源转化成数字资源的习惯，或者说积极性不高；其次，随意将纸质媒体的信息转化成电子资源可能会在知识产权方面违反相应法律法规；最后，作者对将纸质媒体的信息转化为数字信息的积极性不高。这样就会出现一种怪象：读者在拼命地寻找满足自己休闲娱乐和有利于乡村发展的数字资源，但移动运营商由于害怕违法不敢提供相应的资源，或者本可以转化相应的资源却不转化。在这种情况下，乡村的广大民众很难找到符合自身需求的阅读产品。要解决这一问题，需要相关部门加大对知识产权的保护力度，全力保护著作权人和信息提供商的权益。要较好地解决这一问题，还需要乡村移动化阅读的运营商具有前瞻性的眼光，积极寻找和推送有价值的信息。

二是乡村移动化阅读的运营商要学会转换角色，不仅做内容提供商，而且要学会做知识服务商。据统计，2010年，互联网期刊、电子图书、数字报纸（网络版）的总收入为18.49亿元，在数字出版的总收入中占比约为1.76%。这说明单纯地将纸质出版物数字化缺乏原创内容，难以在市场上立足。面对这种情况，乡村移动化阅读的运营商要根据农村用户的特征，不断提供原创性的内容，不断对已有的数字化阅读资源进行整合加工，从而不断提高自己的服务能力。我们知道，不少乡村移动化阅读的运营商为了迎合用户的"快餐式阅读"的需要，片面地追求经济利益，未能推出具有文化厚重感和服务力较强的电子阅读资源，或者在推送服务类的信息时很难做到浅显易懂，乡村民众在阅读时感觉极为晦涩，因而放弃相应的阅读活动。为了切实提高自己的服务能力，乡村移动化阅读运营商要沉下心到广大农村地区调研，真正了解广大农民朋友的需求状况及其变化趋势，想方设法扩大信息推送的范围，竭力做到有效推送、精准推送。此外，乡村移动化阅读运营商要找到合适的写作者，与他们加强合作关系，长期推出有价值的阅读资源，全心全意地经营好内容资源。《明朝那些事儿》等书籍的热销给我们的一个重要启示就是我国并不缺乏深度阅读的市场，而是缺乏适合阅读的信息内容。随着乡村居民和相关对农机构在电子阅读资源需求方面的变化，乡村移动化阅读运营要改变只推送单一内容的局面，要通过不断加工和多种经营提高阅读资源的附加值,为广大村民提供更为全面、更具个性化的阅读资源,推动乡村移动化阅读向纵深发展,满足广大村民对移动化阅读的实用性、灵活性的需求。

三是做好数字阅读资源的整合与转化工作。面对乡村移动化阅读市场的诱惑,很多除移动化阅读运营商之外的公司都在想方设法地寻找机会进入乡村移动化阅读领域。这些公司各具优势,其中不少公司的市场经营能力较强。在这种情况下,乡村移动化阅读运营商要积极把握机会,大力整合行业内外的各种资源。就行业内来说,要积极与其他移动化阅读运营商合作,不断丰富移动化阅读资源。就行业外来说,要加强与各种网络运营商合作,不断拓展乡村的移动化阅读市场。同时,还可以寻求与终端生产商合作,不断规范和优化乡村移动化阅读终端,在大数据的指引下实现精准营销。此外,在"全民阅读"活动如火如荼地开展的今天,基层政府在乡村移动化阅读的革新方面具有不可推卸的责任,因此乡村移动化阅读运营商还应学会与基层政府沟通合作,加强信息推送和监管的效果,消除信息传播中侵犯知识产权、舆论引导不畅等方面的后顾之忧,确保及时、有效地运营好乡村移动化阅读。

综上所述,数量庞大的浅阅读提高了乡村移动化阅读的基数,为从浅阅读向深阅读转变提供了坚实的基础。而大量移动化阅读终端的普及、大量资本向乡村移动化阅读市场的涌流,为乡村移动化阅读体系的建立和完善筑牢基础,使广大农民能够较为自由自主地选择所要阅读的内容,并在阅读中得到较为有效的体验。由此可知,在推广乡村移动化阅读的过程中,深阅读和浅阅读都不能偏废。乡村移动化阅读要通过浅阅读迅速传播相应的娱乐信息和提供简单易懂的知识服务,使村民扩大知识面。同时,乡村移动化阅读要大力推广深阅读,不断优化广大村民的经营思维,促进他们的思维向立体化、全面化发展。也就是说,乡村移动化阅读运营商要在深阅读和浅阅读两个方面下功夫,做好相应的阅读引导,打造乡村阅读的"双阅读效果"。

2.2.2.2　乡村民众的分享阅读活动

新媒体最大的特征就是互动性,这个特征也使得乡村民众在进行移动化阅读时能够分享信息,使他们在阅读中不断构建自己的社会关系。因此,可以说,从传统阅读到移动化阅读,包括乡村居民在内的广大民众的阅读都经历了从"私人阅读"到"社交阅读"、从"私人默读"到"公共朗读"、从"个人感悟"到"众人分享",阅读中的互动性显著提升。在互动阅读中,分享成为互动的重要元素,使人们的阅读活动具有仪式感。这说明在乡村的移动化阅读中用户的阅读已突破私人空间的信息生产与传递,成为一种狂欢式的知识共创与传播活动。也就是说,在传统的阅读活动中,人们的阅读是一种具有私人性质的思想体验活动,比较重视思考,比较关注信息的吸收和知识的内化,而移动化阅读则是在具有浓厚的社交色彩的情况下展开的。在新媒体环境下,人们都坚持一种理念——无社交不阅读。正是在移动化阅读的互动机制中,分享和参与成为令人喜悦的事情。在移动化阅读时,人们既能有效地进行互动,又能较好地展示自我,因此村民可以放松心态,积极与他人分享自己的心得和体会、进行思想交锋和碰撞,在交流和碰撞中不断增强文化身份的认同,结交更多的朋友,获得情感上的共鸣。不过,分享下的移动化阅读也可能让村民在庸俗的文化中徘徊,因此乡村移动化阅读的运营商需要为村民提供更有品位的阅读内容。

2.2.2.3　乡村民众的碎片化阅读活动

时间的碎片化使得乡村的移动化阅读从相对固定的阅读向碎片化阅读转变。在广大农村地区,尤其是西部农村,乡村民众的农活极为繁重,他们很少能抽出时间静下心来开展阅读活动,每天日出而作,回到家时极为疲惫,因此很难开展固定的阅读活动。在这种情况下,具有碎片化特征的移动化阅读就成为广大村民的首选。他们在外出劳作时经常会中间休息一下,而这个时候利用手机进行阅读是很多村民的选择。在晚上回家后,许多村民也有抽出部分时间进行阅读的习惯。在对东南西北中地区的民众进行调研时,笔者发现,总体来说,82.33%的村民有中间休息时开展移动化阅读的习惯,而在晚饭后会开展移动化阅读活动的村民比例高达92.15%。这充分说明碎片化阅读已成为广大村民开展移动化阅读的主要形式。笔者在华东、华南、华北、华中和西部5个地区选取典型的乡村,对村民的移动化阅读行为进行调研,每个地区调研村民100人。收回有效问卷情况为:华东92份、华南87份、华北96份、华中95份、西部98份,有效问卷总数为468份。调查发现,在开展移动化阅读的过程中,村民的阅读行为又存在具体的差别,详细情况见表2-1。

表2-1　乡村民众移动化阅读行为的整体情况

阅读次数	选项 (次/天)	少于1次	1~5次	6~10次	11~15次	16次及以上
	选择人数	14	358	67	18	11
阅读用时	选项 (分钟/次)	10分钟 以内	11~30分钟	31~59分钟	1~2小时	2小时以上
	选择人数	8	177	258	16	9
阅读篇幅	选项	多卷本书	图书	文章	短文	网络短信
	选择人数	44	161	235	393	411
阅读方式	选项	精读	泛读	浏览	随机	—
	选择人数	71	266	418	85	—
阅读动机 (多选)	选项	消遣	沟通和分享	随时随地	自主选择	时尚
	选择人数	436	402	399	224	99
阅读场景	选项	睡前	乘坐交通 工具	闲暇	等待	集会
	选择人数	455	168	245	85	27

从表2-1可知,在阅读次数方面,乡村民众每天开展移动化阅读的次数多集中在1~5次这个范围;在阅读时间方面,每次阅读31~59分钟的人数最多,但每次阅读11~30分钟的人数也不少;在阅读篇幅方面,乡村民众的阅读主要集中在网络短信、短文;在阅读方式方面,乡村民众每天使用较多的

是浏览式阅读和泛读,其中浏览式阅读最多。此外,随机阅读也占一定比例。在阅读动机方面,乡村民众的阅读动机比较多样化,在消遣、沟通和分享、随时随地、自主选择等方面都有重要体现;在阅读场景方面,乡村民众主要在睡前和闲暇的场景中开展阅读活动。这种阅读行为与城市的类似,原因在于时间的碎片化和内容需求的多元化。

2.2.2.4　乡村民众主动搜索的阅读活动

在移动化阅读中,得益于新媒体的赋权,村民不再是阅读信息的被动接收者,他们往往会主动搜索信息,进行所谓"定制化"阅读,其阅读活动具有明显的个性化特征。也就是说,在传统的阅读生态中,村民是被动地接收阅读信息的,阅读服务提供商提供什么内容,村民就阅读什么内容。村民在阅读中,对相关的信息选择、反馈都不能自由地进行,处于一种被动地位。而在移动互联时代,传统的阅读模式被彻底颠覆,村民可以主动地搜索信息,自由地选择自己想要阅读的内容,读书逐渐成为一种自由自主的活动,个性化阅读逐渐风靡。在自由自主情况下的阅读能充分激发读者的创造能力,数量极为庞大的村民也可以成为知识的生产者,就像知乎的《读读日报》这款内容分享App所宣传的那样——人人都可以成为知识的主编,每个人皆可以过一把主编瘾。这对传统阅读和编辑来说,无疑是一种巨大的变革形式。在对《读读日报》App进行研究时,笔者发现,任何一位读者都可以根据自己的需要建立个性十足的主题日报,并可以以主编的身份把自己认为比较好的信息推荐给其他读者。同时,《读读日报》的文本类型也极为丰富,不仅包括文字和图片,也包括音频、视频、游戏、音乐及商品等内容。对传统阅读载体来说,这无疑在文本边界与传播路径上实现了重大的突破,用户可以自主搜索自己想要阅读的内容,个性化特征十分明显。可以说,诸如《读读日报》App个性化的阅读方式和阅读内容将会成为乡村移动化阅读的一种不可逆转的趋势,乡村的移动化将会向智慧化的方向不断前进,个人的性格和观念将会得到不断地张扬,村民的阅读活动将会深深地打上情景化的烙印。而根据村民的移动化阅读需求推送信息,将会成为乡村移动化阅读运营商的"阿拉丁神灯"。需要指出的是,在乡村的移动化阅读中,村民并不是一个结构固定不变的阅读群体,在不断分化与重组中动态性的阅读需求也在不断出现。因此,乡村移动化阅读的运营商应该时刻关注属于自己的"阿拉丁神灯",动态地为广大村民提供特定的信息。在很多时候,广大村民的分化和重组过程是极为复杂的,如不进行精心的研判,很难发现他们的变化,不过无论如何复制,在大数据和算法推送极为普遍的今天,只要利用相关技术,村民对信息需求的变化就会被尽收眼底,乡村的移动化阅读运营商就能及时开展精准营销。其实,除了大数据和算法推送之外,很多移动化阅读类 App 都开通了 RSS 订阅功能,广大村民读者可以将特定主题的阅读内容按标签聚合在一起,相当于为自己定制阅读内容,用自己的信息归纳行动,形成信息集束,承担"类编辑"或"准编辑"的角色,在一定程度上取代了传统阅读中编辑的信息选择和组织作用,读者和编辑、读者与信息推送者之间出现身份互换的情况。这就是新媒体时代中移动化阅读的独特现象。

2.2.2.5 乡村民众的"刷读"活动

随着移动化阅读的勃兴,乡村民众在阅读中出现了"刷读"活动,这是由浅阅读引发的。在传统阅读中,广大读者的阅读普遍具有深阅读的特征。随着互联网尤其是移动互联网的兴起,人们的阅读活动因具有浓厚的社交氛围,各种流行文化、嬉戏娱乐成为人们生活中常见的现象,读者能够在阅读中获得更多的愉悦感,也倾向于在阅读中寻求休闲和娱乐,阅读成为一种更为轻松的活动,阅读是否具有"趣味"成为人们选择阅读内容的重要指标,因此可以被看作一种"悦读"活动。在这种情况下,各种各样的新媒体得以迅速走进民众的生活,对人们的生活态度、价值观及行为方式均产生了巨大的影响。于是,在读者的空间,即使碎片化和零散化的阅读也经常存在段子横飞、爆笑不断的状况,具有十足的娱乐化、浅显化特征的浅阅读尤其受到读者的欢迎,甚至成为移动化阅读时代的"流行病",深入人们的生活、融入人们的骨髓。于是,那些具有强大的视觉冲击力、刺激性的内容成为读者的首选,而这样的内容也纷纷出现在各种移动化阅读 App 中。的确,具有冲击力和刺激性的内容能够让人们在短时间内看到较多的信息,而那些严肃、有品位的内容则需要读者慢慢品读,在入脑入心后才能深刻理解其中的味道,令人回味无穷,然而这样的深度需要花费更多的时间和精力。身处移动化阅读大潮下的村民为获得轻松和愉悦,往往沉浸在具有冲击力的图片和刺激性的文字中,追求视觉效果和身体刺激,放弃传统阅读载体存在的思维"负担",因此新鲜刺激的内容和多种多样的传播形式充斥着乡村读者的阅读空间,网络出版花样繁多的文字、图片、色彩设计,移动化阅读场景的搭建,都把乡村民众带入"悦读"的空间,阅读过程的松散性和随意性明显增强,精读被浏览式的泛读取代,具有"刷读"性质的浅阅读越来越流行。这种情况的出现其实是有原因的,快节奏的生活把村民的时间分割成若干碎片,阅读媒体——新媒体又承载着海量的信息,在这种情况下,要找到适合自己的内容好好进行深度阅读是一件非常困难的事情,需要付出巨大的时间成本。如何能在海量的网络信息中一目十行地快速阅读并获得娱乐成为乡村民众最关心的问题,所以开展"刷读"活动,浏览信息的大概,快速切换屏幕、快速刷屏,追求阅读的实效性、功利性成为普遍现象,传统阅读时代的深阅读正在被弱化。可以说,从传统媒体到新媒体,人们的阅读活动经历了"阅读时代""悦读时代""刷读时代"3个阶段,读者停留在相关文本上的时间越来越短,对大篇幅文本的阅读越来越蜻蜓点水,对相关信息的理解越来越浅薄,阅读的感性化不断增强,而理性化不断减少,在技术驯化和商家推波助澜的情况下,"刷读"趋势必将愈演愈烈,读者阅读的深度和质量都不尽如人意,传统理性思维的阅读方式受到了极大的挑战,移动化阅读时代村民的深阅读成为需要重点关注的问题。

2.2.2.6 乡村民众阅读中的"身体实践"活动

在移动化阅读这种公共性极强的阅读中,村民进入了新媒体的虚拟空间,阅读后往往会在现实空间开展一些相关的活动。在移动化阅读与现实的劳作中,村民的生产和生活空间中交织着虚幻的场景、现实的建筑,以及自然景物、信息、文化、集体记忆,创造出全新的社会关系。在这个过程中,乡村读者进行各种各样的实践活动。可以说,在移动化阅读的虚拟空间和现实空间的交融中,人们从文本阅读到身体实践,阅读被推入更具象征性的范畴。

纵观近年来乡村民众的阅读活动,可以发现一条路径,即从"纸质阅读"到"App 阅读",新媒体的介入使村民的阅读方式更为多元和有效。毋庸置疑,新的媒体技术为移动化阅读开启了无限可能的空间,随着移动互联和移动终端的不断普及,移动化阅读将成为村民阅读的新常态,传统阅读正逐渐被淡忘,阅读的媒介不断出现多元化的趋势,阅读的方式日益开放,人类阅读的生态发生了巨大的变化。智能手机及 5G 通信的广泛应用将使人们的阅读场景越来越新奇,人类阅读的个性化、互动化、精准化和自主化的特征日益明显,村民的阅读受时空限制的程度日益下降,碎片化传播和碎片化阅读正成为明显的现象,人们的阅读观念也在不断地更新。在阅读中,除了传统阅读时的"读"之外,移动化阅读中的"视"和"听"也能广泛地接收信息,人们的阅读体验越来越强。在这种情况下,移动化阅读的运营商都纷纷降低服务成本、提升服务体验,以新鲜丰富的阅读内容打动读者,新媒体时代移动化阅读的魅力和活力大放异彩。新、旧媒体的交融传播大有可为。也就是说,在新兴传播技术的影响下,村民阅读方式的变迁已成为一种必然的趋势。我们不能为传统阅读的衰落叹息,也不要对新媒体时代的移动化阅读大加赞赏。实际上,传统媒体有其深阅读的优势,新兴媒体有其浅阅读的劣势。我们需要做的是坚定"阅读是人的生活的一部分"的信念,懂得无论技术如何变化,阅读都是人的精神追求中必不可少的手段;在当今的移动化阅读时代,媒体能为读者提供极为丰富多彩的阅读内容,各种媒体的加入使人们的阅读方式更加多元化,阅读仍然是一个可以潜心经营的项目。同时,我们也要知晓,在今后的阅读市场上,读者的年龄、身份地位及受教育的情况都会发生变化,读者群体的分层和重组现象将会越来越明显,因此对读者提供个性化的信息是抢占阅读市场的有力武器。现在说以纸质媒体为代表的传统阅读的消亡似乎为时过早,但毫无疑问的是移动化阅读将会是一种长期的趋势,无疑会占据阅读的主要市场。新的阅读形态逐渐取代传统的阅读形态是一种必然,它符合人类历史发展的规律,因此我们要正确看待和评价乡村的移动化阅读这种新兴的阅读方式,并充分发挥其积极作用,使之在乡村振兴中大有可为。

2.3　新媒体与中国乡村移动化阅读的勃兴

作为一种新兴的传播技术,新媒体已经深入人们生活的各个方面。在阅读领域,无论是城市还是乡村,人们都能享受新媒体技术带来的便利,体会移动化阅读带来的乐趣。可以说,移动化阅读方式正在慢慢改变民众的阅读习惯。

2.3.1　新媒体赋权下乡村移动化阅读的勃兴

著名传播学大师麦克卢汉曾有"媒介即讯息""媒介即人的延伸"的论断。就"媒介即讯息"来说,麦克卢汉认为,媒介本身才是真正意义上的讯息,人类只有拥有某种媒介之后才能从事与之相关的传播活动和其他社会活动,对社会来说,真正有意义、有价值的讯息不是各个时代的媒体所传播的内容,而是这个时代所使用的传播工具的性质和它所开创的可能性及带来的社会变革。这个论断在新媒体迅猛发展的今天尤其让人感受深刻,新媒体技术凭借其技术优势,能够承载海量的信息,并能瞬间将信息传播至世界的每一个角落。在拥有新媒体技术后,人们能够从事与之相关的信息传播活动,并在生产和生活中积极运用这一技术,达到事半功倍的效果。新媒体技术是一种全新的传播工具,其引发的社会变革已经为世人所公认,人们的阅读活动也因为有了新媒体技术而变得更为轻松、更具吸引力。就"媒介即人的延伸"来说,所有媒介都是人的延伸,纸媒是人的视觉器官的延伸、广播是人的听觉器官的延伸、电视是人的视听觉器官的延伸,而包括网络媒体在内各种各样的新兴媒体则是人的视觉、听觉、触觉等多种感官的延伸。在新媒体的赋权下,人们的阅读进入了读、视、听等阶段,几乎所有感觉器官都因新媒体而统合起来。

正因为新媒体技术的强大力量,人类的阅读进入了全新的阶段——移动化阅读。在新媒体的推动下,乡村移动化阅读呈现出勃兴的态势。在农村网民数量急剧增加、互联网的农村普及率不断提高、网民上网时间不断延长、村民文化素养水平不断提高、网民利用现代科技经营农村产业的愿望越来越强烈,以及国家的大力扶持等因素的影响下,乡村移动化阅读市场具有极为广阔的发展前景。在网民数量、村民上网时长及农村互联网普及率方面,《第51次中国互联网络发展状况统计报告》中的数据显示,截至2022年12月,我国的网民数量达到10.67亿,其中乡村网民规模为3.08亿,较2021年12月增长2371万,占网民整体的28.9%。同时,在科教兴农理念的指引下,农民渴望利用先进的知识武装头脑,搞好乡村的各项经营。移动化阅读若能够借此汇集数量庞大的涉及农业技术和农村生活的信息,指导村民学习、了解国家相关政策,掌握科学、先进的技术和管理知识,必将大有可为。此外,近年来国家一直倡导全民阅读,先后颁发了多个文件,全面推进学习型社会的建设,加上村民文化素养的提升和信息需求的急剧增加,更是为乡村移动化阅读的勃兴提供了动力,而随着移动化阅读设备、阅读场景的体验性的不断增强,乡村移动化阅读的发展将更加势不可挡。

读书是人类进步的重要阶梯,是人类文明发展的重要源泉。任何国家、任何民族都高度重视读书活动,并将读书看作每位公民不可剥夺的权利。联合国教育、科学及文化组织将阅读视为人类文化传承、传播与创新的重要基础性工作,并竭力在全球推广读书活动,在阅读方面开发了大量的项目。早在1972年,联合国教育、科学及文化组织就对很多国家,尤其是相对贫穷落后的亚非拉国家民众的出版及阅读状况进行了详细的调查,并在调查后提出了"全民读书"的口号,把1972年定为"国际图书年"。此后,联合国教育、科学及文化组织又在1982年提出"走向阅读社会——20世纪80年代的目标"这一响亮的口号,积极支持各个国家制定图书发展战略规划,并把识字教育及出版作为推广阅读活动的优先条件予以重点支持。与此同时,联合国教育、科学及文化组织还把公共图书馆看作全民阅读的重要平台,认为它是贫困人口、特殊群体能够平等实现阅读权利的重要保证,因此在1994

年发布的《公共图书馆宣言》中声称："每一个人都有平等享受公共图书馆服务的权利,而不受年龄、种族、性别、宗教信仰、国籍、语言或社会地位的限制。对因故不能享用常规服务和资料的用户,例如少数民族用户、残疾人用户、医院病人或监狱囚犯,必须向其提供特殊服务和资料。"

正因为读书的重要性,1995 年,联合国教育、科学及文化组织将每年的 4 月 23 日定为"世界读书日"。可以说,正是在技术赋权和人类的重视下,移动化阅读得以勃兴。进入 21 世纪,尤其是近十年,移动化阅读的发展更是令人称奇。在信息化的推动下,一系列电子阅读器,如 Kindle 等纷纷问世,为人们的移动化阅读提供了强有力的技术支撑。电子阅读器之所以迅速发展,是因为其满足了移动互联时代人们的阅读需求,并在很多方面有着自身的优势,如随时随地可以阅读、十分省电和节约能源、还可以模拟纸质图书的阅读效果,通过电子化的形式获得纸质阅读体验。此外,电子阅读器还可以标注笔记,对阅读内容进行归类整理。由于用户的使用习惯等差异,类似 Kindle 等电子阅读器很难打开中国市场。虽然一些中国公司针对国内的情况进行自主研发,但是市场效果仍不理想,因为中国用户习惯使用智能手机等移动终端进行阅读。此外,虽然 Kindle 这款电子阅读器经过多次升级换代,但前几代的改进效果并不明显,用户很难获得较强的体验感。因此,从整体上看,Kindle 这款电子阅读器的发展前景并不乐观,2023 年 6 月 30 日,亚马逊公司旗下 Kindle 中国电子书店停止运营,此后用户无法再购买新的电子书。不过,作为一种新型的阅读工具,其在阅读方面仍然占有一席之地。亚马逊曾对中国的电子阅读市场进行专门的调查研究,主要问题集中在用户对电子书的阅读使用情况及用户的阅读习惯等方面。亚马逊的调查数据显示,2016 年中国用户最喜欢阅读网络小说,其中下载次数最多的是日本作家东野圭吾的代表作品《解忧杂货店》,该小说吸引了最多的付费下载。值得关注的是,一些小说将电子书和纸质版图书同时发售,深受广大读者群体的欢迎。为了扩大市场,Kindle 这款电子阅读器还在笔记及标注功能上下功夫,让用户在阅读中对自己感兴趣的地方进行标注,试图以此增加阅读的体验感,这是之前很多电子书所不具备的功能。可以说,这一功能对弥补电子书难以进行深阅读的重大缺陷具有十分重要的意义。然而在中国市场上，由于相关的网络公司致力于打造自己的移动化阅读器，使智能手机、iPad 的阅读始终占据主要地位，这些移动设备比 Kindle 受欢迎得多。近年来，新浪等网络公司纷纷推出了自己的移动化阅读器，为广大用户使用手机阅读提供了坚实的平台。利用这些网络公司开发的阅读器，用户能够随时随地打开相应的阅读客户端，自由自主地阅读自己想读的内容。在享受这些阅读器所带来的便利性的同时，广大用户的使用习惯和阅读习惯也在慢慢地形成。在这种情况下，纸质图书、报刊等在不少中国用户，尤其是青少年用户群体中的影响力和阅读率逐年下降，利用手机进行阅读成为新潮。利用智能手机等阅读器，用户可以利用碎片化的时间开展阅读活动，也可以根据自己的特殊需求购买一些图书，不受限制地进行个性化阅读。电子书之所以受欢迎，还有一个重要的原因就是其成本较为低廉，人们能够花较少的钱获取较多的知识，所以深受乡村用户的喜爱。不过近年来，随着移动化阅读的勃兴，人们的阅读已突破了电子书这一形式，人们可以通过网络自由地阅读小说、散文等作品，也可以根据自己的需求阅读特定类型的作品，所以电子书的发展速度明显放缓，在世界市场的占有率都呈现不断下降的趋势。目前，很多公司在全方位加强电子书的体验度，试图保住部分阅读市场。

2.3.2　乡村移动化阅读的发展历程

移动化阅读一路走来，发展极为迅猛，走过了一段段辉煌的历程。毫无疑问，移动化阅读的勃兴是建立在移动互联网发展的基础上的。我们不能忽视促使移动互联网诞生并促进其不断发展的一个重要因素——技术。在移动互联网真正走上历史舞台后，技术又促使其不断进行变革，呈现爆炸性增长的势头。在移动互联发展的技术方面，智能手机等接收终端、移动通信的广泛应用及无线网络的接入三大因素所起的作用功不可没。

首先是智能手机。智能手机的英文为 smart phone，与非智能手机不一样，智能手机类似于个人电脑，它拥有独立的操作系统和运行空间，用户可以根据自己的需要有选择地安装操作软件、导航及各类游戏等程序（这些程序往往由第三方提供，当然也有由智能手机制造商提供的）。智能手机的应用使用户能够随时随地阅读自己所需要的信息。其实，从根本上说，智能手机就是将计算机和手机结合起来，使手机具备计算机的功能。一般认为，Simon是全球第一款智能手机，在1993年由万国商业机器公司（IBM）推出，在香港推出的时候就具有触摸屏功能，而且有ROM-DOS这一操作系统。可以说，这款手机使人们获得了不一样的体验，奠定了智能手机发展的基础。虽然Simon是世界上首款智能手机，但它并没有让智能手机走进千家万户。2007年，苹果公司推出了iPhone这款智能手机，紧接着在2008年7月推出了iPhone 3G，短时间内iPhone 3G就在全球80个国家和地区被销售。就第一代苹果手机iPhone来说，它仍然是一件极具价值的艺术品，其所具有的滑动操作、虚拟键盘、宽屏多点触控、拟物化的应用程序图标及金刚玻璃，以及后来上线的App Store，都使手机不再只有打电话和发短信的功能，而成为一个智能化的、极具艺术品位的移动终端。自从有了iPhone，人们可以直接通过网页浏览各种网络信息，这使得通过WAP访问网页的方式成为历史。对移动化阅读来说，这无疑具有划时代的价值。在虚拟键盘取代物理键盘后，iPhone的外观焕然一新，充满着未来感，而iOS这一操作系统的接入使用户能够拥有非凡的体验。值得一提的是2008年发布的App Store，通过App Store可以下载并安装各种各样的App，下载安装App后人们就能够利用手机学习知识、搜索美食、发布照片、玩游戏及谱写乐曲。在大大提升苹果设备的使用体验的同时，App Store还对改变软件发布和评价的原有思维模式起到了极大的作用。在App Store出现后，人们购买软件的流程大大简化，软件购买变得极为容易。人们在购买时也不会像过去那样纠结，原因是App Store里面的很多应用程序都极为便宜，还提供了免费试用版。同时，App Store也十分注意和开发商合作，采用一站式应用商店的模式，为开发商特别是中小型开发团队提供了机会和便利，让中小型团队能够在其应用平台上与大公司进行角逐，真正体现了平台价值。当然，这得益于史蒂夫·乔布斯这位天才大师的明智判断——第三方应用平台才是真正的未来。正是这些优势,App Store 上的应用下载量呈爆炸性增长,刚推出一周,其应用下载量就突破了 1000 万,当年 9 月就突破 1 亿,而突破 10 亿大关仅在数月后的 2009 年 4 月。不仅如此,App Store 的发展促使一大批类似的移动应用商店如雨后春笋般纷纷涌现。因此,可以肯定地说,整个移动产业原有的游戏规则被 App Store 改写。在网络接入方面,早在第一代 iPhone 面世时,就内置了无线上网这种特别让受众追捧的功能,而第三代 iPhone 则增加了 3G 上网功能。这些巧妙的设计使智能手机无线接入网络有了支持平台。随着无线上网的广泛应用和手机上网包月成本的下降,智能手机逐渐代替电脑成为人们上网的首选。利用智能手机,人们能够不受时间、地点的限制,随心所欲地接入互联网进行移动化阅读,尽情获取自己所需要的信息。可以说,借助智能手机和移动网络,各种各样的应用程序及软件的形态发生了巨大的变化——由"固态"变为"气态",台式电脑时代被固定在电脑中的各种软件和程序在智能手机和移动网络兴起后如空气一样围绕在人们身边,随时随地、触手可及。移动互联这条信息"高速公路"正在迅速拓宽和加长,其承载的信息量是以往任何时代、技术都无法比拟的。在这种环境下,移动化阅读的前景更为广阔。5G 已经到来,6G 已经在向我们招手,7G、8G……将会陆续出现,技术承载着无限的可能性,移动化阅读的未来不可想象。

客观地说,技术的力量是难以估量的,不过技术背后的社会因素,如人的需求等,又是促使技术飞速发展的重要动力。移动化阅读的勃兴是在人们的阅读需求变化的基础上产生的。在今天,广大村民对信息的渴望尤为迫切,具有社交化的信息阅读和分享尤其能够符合村民的需求,因为村民也需要认识世界、改造世界,也需要认识和改造自我,同时需要进行各种娱乐和休闲活动,思考世界、放松自我是人类的永恒追求,而要完成这些活动,不断地阅读和获取信息必不可少。而这也符合人类文明发展的规律,倘若没有新的信息生产、传播与接收,就不会有今天的文明。人类一直都沉浸在信息的海洋中,而传播和获取信息一直是人类的主要活动之一,符号、烽火、信鸽、驿站、报纸、电报、电影、广播、电视及互联网,还有未来不可预估的通信技术,都是人类阅读信息的重要工具。在人类文明的进步中,传播始终是一个特别重要的力量,它让人类不断创造和传播新思想、新技能,不断开启人类新的智慧。随着技术的进步,人类传播和获取信息的成本将会越来越低,方法将会越来越灵活和便捷。在今天的乡村,村民对学习的渴求无疑会使移动互联技术迅速普及,让乡村的移动化阅读走上康庄大道。

在乡村移动化阅读中,随着新媒体时代中另一个媒体要素——场景的加入,乡村移动化阅读的发展就会发生翻天覆地的变化。场景能够让广大村民的阅读产生现场感,这种现场感是在虚拟空间中获得的,由于技术的赋权,虚拟空间中的现场感比现实空间中的场景还要逼真,难怪有人提出了超真实的说法。因为在网络这一虚拟的空间中,人们能够根据自己的需求和想象创造出更为鬼斧神工的场景,使自己在虚拟的空间中徜徉。彭兰曾经指出,随着移动互联网的出现和发展,人们可以文字或其他形式交流与互动,形成一种虚拟的在场感。例如,在微信读书等虚拟的阅读场景中,用户只要通过微信号就可以登录进行阅读,在阅读中可以直接对微信列表中的好友进行匹配,所有用户均能在阅读中对信息进行点赞和评论,并可以与其他用户进行分享和交流。在选择阅读内容时,用户会通过排行榜查看其他用户的阅读时长,并了解自己的排名情况。同时,通过这一排行榜,用户还可以查看好友收藏的书目及正在阅读的书籍。此外,微信读书具有查看阅读界面的功能,通过阅读界面的查看,用户能够知晓谁在与自己阅读同一本书,并可以在通过关注的情况下与其成为读书的好友。可以说,在微信读书这一虚拟空间中,用户通过社交互动能够感受现场氛围,并在互动中对虚拟空间产生"真实存在"的感觉。正是由于虚拟空间的存在,人们才能在其中构建种种奇幻美妙的场景,并与其他人一起阅读,由此获得无比舒适的体验感。因此,在加入场景这一要素后,乡村的移动化阅读必然有着更为广阔的发展前景。

总之,在移动互联网时代,借助各种各样的便携式终端,移动化阅读得以应运而生。相对于传统的阅读形式来说,移动化阅读具有诸多优势,如传播信息量大、传播及时、成本低廉、读者数量庞大、超链接、信息分享等,这些优势使移动化阅读迅速普及,人们的阅读生态发生了巨大的变迁,在乡村移动化阅读也逐渐成为广大村民主要的阅读方式,"全民阅读"正在成为可能。随着乡村民众文化水平的提高和信息需求的增加及国家的大力支持,再加上移动终端的大量普及,移动化阅读已成为乡村民众阅读的首选。在移动化阅读不断深入乡村民众生活的今天,面对丰富的网络阅读资源和多元化的阅读媒体,广大村民的阅读习惯也正在发生变化。阅读是人们获取信息、推动自身文明进步的有效手段,移动化阅读为广大村民带来全新的阅读感知和体验,广大村民在新媒体时代的移动化阅读活动更为多元化。这对传播知识,促进乡村振兴具有极大的意义。

本章小结

本章对人类的阅读形态进行了追述,对移动化阅读带来的社会变革进行了研究,对新媒体赋权、乡村移动化阅读生态的变迁及移动化阅读时代乡村民众的阅读活动进行了分析。此外,本章还深入探讨了移动化阅读勃兴的动因及其发展历程,为接下来的研究做了较好的铺垫。

3 中国乡村民众的移动化阅读素养

中华民族有着博大精深、五彩斑斓的文化,在数千年的传承和发展中,中华民族的文化呈现出"多元一体化"的良好发展态势。其中,"多元"指的是各民族、各地区都有着独具特色的文化,"一体"指的是在各种文化中占主体地位的文化,即整个中华民族层面的文化,其在中国经济社会发展中发挥极大的作用。中华传统文化多姿多彩、十分迷人。客观地说,城乡居民的文化素养和民风民俗等还是存在一定程度的区别的。这种区别使得乡村移动化阅读的读者呈现自身特有的阅读素养。

在对中国乡村民众的移动化阅读素养进行研究之前,需要对什么是移动化阅读素养进行界定。无论是传统媒体时代的阅读、还是新媒体空间中的阅读,都存在阅读素养问题,即读者从所阅读的内容中获取相应的意义的能力。在传统的纸质阅读时代,读者是从纸质文本中获取信息的,他们能不能获得文本所蕴含的意义与其自身对纸质文本的阅读素养有着极大的关系。在移动化阅读中,同样存在着阅读素养的问题。所谓移动化阅读素养,是指读者从移动化媒体的文本的不同表现形式中获取意义的能力。一般来说,乡村民众在移动化阅读方面的素养主要包括信息检索能力、识别能力、推理能力、整合能力和评估能力等多个方面。众所周知,一个人在移动化阅读空间中的信息检索能力、识别能力、推理能力、整合能力和评估能力与其自身的文化素质、阅读习惯(如深阅读、浅阅读等)及信息内容的采纳状况等密切相关。因此,乡村民众的移动化阅读素养与其在移动化阅读方面的文化素养、阅读习惯及信息内容的采纳存在千丝万缕的联系,以下将对这三个方面进行深入的分析。

3.1 中国乡村民众移动化阅读的文化素养

在乡村,虽然大众文化已经比较流行,也比较适合广大村民开展移动化阅读活动,但村民的文化消费不仅体现在大众文化方面,有利于乡村振兴的各种科技和服务知识也是村民特别需要的。在对华东、华南、华北、华中及西部的一些村庄的调查中,笔者发现,从整体上来说,村民对适合乡村振兴的知识的需求所占比重较高,具体见图3-1。

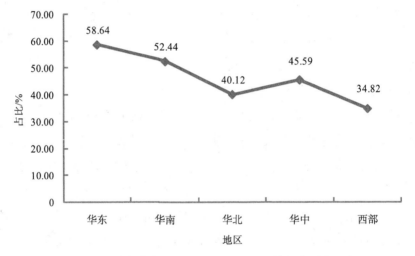

图3-1 各地区乡村民众对科技信息知识的需求所占比例

除对适合乡村振兴的知识的需求较多之外,广大村民也积极追求娱乐消费类知识。在调查中,我们发现乡村民众也需要娱乐、休闲类信息,具体情况见图3-2。

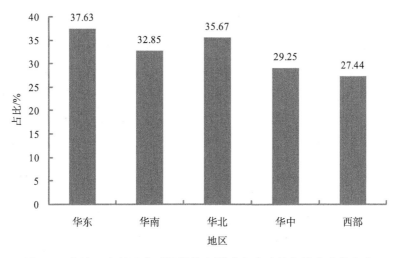

图 3-2 各地区乡村民众对娱乐信息需求在当地信息需求中的占比

需要指出的是,乡村民众对休闲、娱乐类知识所需的比重比较大,城市中市民也是如此。由于受到数字鸿沟、信息接收终端鸿沟的影响,乡村民众在信息的选择和接收的自由度方面需要进一步提升。正如受访者 S1 在接受访谈时说:"在今天的信息市场中,那些具有休闲、娱乐性质的文化大受欢迎,然而由于历史、地域及信息技术素养的区别,城乡民众在娱乐、休闲的信息消费中存在一定区别,如城市居民的整体文化和技术素养相对较高,他们追求的文化品位较高,往往喜欢那些笑点被隐藏起来需要仔细推敲后才能获得身心愉悦的信息。而整体来说,乡村民众往往需要那些一读、一看就能找到笑点且具有浓厚乡土气息的信息。"

我们知道,由于文化水平、文化资源的丰富程度、文化传播的频繁程度等存在着较大的差别,因此城乡居民的文化素养也存在差距。就文化水平来说,与城市相比,乡村民众受教育的程度总体较低,因而文化水平也相对较低。就文化资源的丰富程度来说,农村的文化资源远没有城市的丰富,有些乡村的文化资源甚至尤为奇缺;整体来说,在文化资源相对丰富的乡村,其文化的多元性也逊色于城市。就文化传播的频繁程度来说,由于传播技术的鸿沟、传播机构的传播范围和力度的差异,乡村的文化传播频度远低于城市。在这种条件下,农村居民的文化素养整体低于城市居民的文化素养。正因为城乡居民的文化素养存在一定差别,所以不能笼统地根据民众的整体文化素养来研究村民的移动化阅读素养,更不能从城市民众的视角来探讨乡村民众的移动化阅读素养问题,而应该结合广大乡村民众的文化素养探讨他们的移动化阅读素养问题。这就要求我们在对乡村民众的移动化阅读素养开展研究之前,先要对乡村群众文化的内涵、价值及其发展所面临的问题进行梳理,并在此基础上对乡村移动化阅读中村民的文化素养进行研究。

3.1.1 农村群众文化的内涵、价值及发展困境

3.1.1.1 农村群众文化的内涵

西汉以前,所谓文化并不是一个合成词,而是分开表述的,其中"文"指文字,是用来记录语言的各种符号;而"化"指某物改变的状态及性质。因此,西汉之前的"文"和"化"各自具有表达的意义,都是对事物本义的描述。西汉以后,人们逐渐把"文"和"化"结合起来表述,但"文"和"化"结合之初主要指教化"野蛮"和"质朴"等言行的记录,后来逐渐演化为"以文教化"的内涵,侧重于对人的品性进行陶冶和教育。随着社会、政治、经济的不断发展,文化的内涵也不断被拓展,且其外延也在不断发生变化。从现代意义上来说,文化已经成为一种精神象征,成为信仰、风俗、道德、宗教、法律、艺术、知识的结合体,甚至包括人们的能力及习惯等。在谈及文化时,梁漱溟先生说:"我今说文化就是吾人生活所依靠之一切,意在指示人们,文化是极其实在的东西。文化之本义,应在经济、政治,乃至一切无所不包。"在他主编的《简明社会科学辞典》一书中,文化被界定为"人类在社会发展过程中所创造的物质财富和精神财富的总和"。

在对文化的内涵进行追溯后,就可以对农村文化和农村群众文化进行界定了。对于"农村文化"这一概念,目前学者们仍然有许多不同的说法,没有统一的界定。不过,有不少学者都将农村文化看作一个区分地域性文化

与城市文化的概念,认为它是广大村民在长期的生产和生活中创造出来的文化形态,其内容也是包罗万象的,包括村民的宗教信仰、生活方式、思想道德、情感沟通、知识技能、文艺表演及各种各样的民间艺术等。杨发曾对农村文化进行界定,认为农村文化是指与农村区域的生产方式和生活方式相联系,适应当地群众需要的思想观念、道德伦理、法律意识、科学文化、知识教育、文娱活动的总称,是农村经济、政治、社会生活发展变化的反映,也是在一定社会经济条件下形成的主要以农村或农民为载体的文化。了解农村文化后,就可以对农村群众文化进行界定。所谓农村群众文化,就是广大村民在生产、生活中创造出来的物质文明和精神文明的总和。它是一种以广大村民为主体的社会性文化,是广大村民自我教育和娱乐、自我创造和完善的文化。

3.1.1.2 农村群众文化的价值

农村群众文化的价值主要体现在新农村建设上。可以说,在社会主义新农村建设中,农村群众文化有着较大的价值,从一定程度上来说,它是推动乡村振兴的重要动力。

首先,农村群众文化让广大村民的生产有科技指导,生活有乐子可找。当前,我国的乡村经济也有了长足的发展,广大村民的物质生活水平有了较大的提高,物质生活较大程度地得到满足后,村民对精神生活的追求也被提上了议事日程,他们要求有较为丰富多彩的精神生活。需要指出的是,村民需要的精神文化植根于乡村、植根于广大农民群众,村民在各种文化活动(如文艺表演、辩论和演讲比赛、民间技能竞赛、体育比赛及读书等)中获得知识和娱乐。随着文化活动日趋丰富多彩,村民在生产中运用更多的科学知识、在生活中有着更多的娱乐形式,不断接受独具魅力的农村文化的熏陶,呈现出生产有科技、生活有娱乐的良好状态。

其次,农村群众文化在提高村民文化素养方面有着极大的作用。精神文明的发展与物质文明的发展并不是同步进行的,它们之间也会出现不一致的情况。当前,我国乡村居民的物质文明有了较为快速的发展,村民的物质生活水平显著提高。不过客观地说,乡村精神文明的发展相对滞后,村民的精神文化生活相对不足,乡村民众的整体文化素养尚需进一步提升。我国应该加大"全民阅读"工程的建设力度,通过移动互联技术大力开展乡村移动化阅读工程,并辅以各种宣传、讲座活动,不断提高乡村文化的建设水平,加大对文化下乡的扶持力度。此外,还可以通过文艺演出、文化下乡活动、文体活动等形式更好地促进我国农村群众文化建设,提高村民的精神文化素养,使村民群众在精神层面再上一个台阶,从而更好地服务我国新农村建设。

再次,农村群众文化在促进城乡协调发展方面具有较大的意义。我国致力于实现城乡统筹发展,并将之作为一个全方位的、系统性的工程。客观地说,目前我国城乡发展存在一定的不平衡,城乡之间的发展无论是经济、政治还是文化,都存在一定差距,尤其是在文化结构、消费内容和消费水平方面的差距较大,城市的文化生活更为丰富、文化基础设施建设更为完善。因此,发展贴近广大乡村民众的农村群众文化,将能更好地为乡村民众提供切实有效的文化形式,以此促进乡村的发展,缩小城乡发展的差距。

最后,农村群众文化在乡风建设方面也有较大的价值。社会主义新农村建设将乡风文明摆在极为重要的位置,其与生产发展、生活富裕、村容整洁、管理民主等共同构成新农村建设的目标。如今,一些不文明的乡风仍然存在,与新农村建设"乡风文明"的要求相去甚远,对新农村建设的推进形成极大的阻碍。鉴于此,必须加强农村群众文化建设,积极利用各种文化活动和移动化阅读的技术优势开展各种宣传教育活动,让广大村民能够用科技武装头脑、用高品位的文化滋养心灵,在彼此之间架设崇高而有韵味的乡村文化桥梁,以此教化村民的思想、启迪村民的智慧、疏解乡村社会的矛盾、抚慰村民的心灵,从而营造良好的乡村文化氛围,引导农民科学地生产和生活,并由此"引导农民树立正确的价值观,培养良好的生活方式,进而塑造积极、和谐、健康、文明的乡风民尚"(杨茜,2013)。

3.1.1.3 农村群众文化发展的困境

（1）基础设施不够健全

当前，我国乡村仍然把发展经济放在首位，相关部门无法用更多的时间和精力发展乡村文化，然而群众对文化的需求呈现出有增无减的趋势，因此不重视、不认真研究乡村群众文化建设，就会出现发展观念与发展现状脱离的情况。在这种情况下，农村文化只能在经济发展的夹缝中缓慢发展。也就是说，农村群众文化发展的理念落后、基础设施不够健全，在很大程度上对农村群众文化的建设形成阻碍。在基础设施方面，较为突出的就是乡村文化活动场所稀缺，不少村庄只能临时找地方搭建台子，村民文化活动的效果极差，有的村民甚至在车辆相对较少的马路上开展文化活动，不仅造成交通拥堵，还有可能出现伤亡事故。而在阅读方面，很多村庄没有图书室，甚至基本的阅览室或阅报栏都没有，村民要查询有关种植、养殖的资料时无从下手，更不用说阅读有利于教化自身、文化补习的图书资料。在这种情况下，村民开展图书、报刊阅读活动的次数也就偏少，具体情况如图3-3所示。

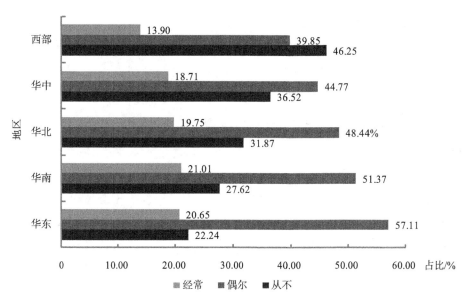

图3-3　乡村民众开展图书、报刊阅读活动的情况

从图 3-3 可以看出,我国乡村民众在开展图书、报刊阅读方面的情况不尽如人意,经常阅读的人所占比例最小,其中西部、华中、华北等地区从不阅读的民众占比较高,超过 1/3,西部地区更是达到 46.25%。在西部某村调研,笔者深感及时完善乡村移动化阅读基础设施,培养广大乡村民众阅读习惯的必要性。

【访谈摘录】受访时间:2021 年 5 月 16 日。

笔者:"你们村有图书室、阅览室吗?"

受访者 V9:"我们村就没有图书室和阅览室,听村主任说要建,但是说了很久,一直都没有建。其实,建不建都无所谓,我们又不想去看,干完农活回来,找几个人喝喝酒,摆摆龙门阵(聊天),看看电视也很好。"

笔者:"你没有上网看新闻、看书的习惯?"

受访者 V9:"没有,你看我这破手机,上网很卡。还有,我们这里很奇怪,手机有时候有信号,有时候没信号,打电话和接电话都很难,上网就更难了。你看,我手机上的信号是(显示)叉叉,证明又打不了电话了。"

笔者:"你用的是哪个公司的卡?"

受访者 V9:"我用的是移动的,我老婆用的是联通的,我们的信号都很差,尤其是我老婆的,没有信号是家常便饭,我让她改为移动或者电信,她不同意,说联通的省钱。联通的是便宜一些,但是没有信号有啥用。不过说实话,我的移动的信号也很差,听说电信的会好一些,但是没有用过,具体情况不知道。"

笔者:"那你有急事需要打电话时怎么办?"

受访者 V9:"一般急事比较少,乡里乡亲的,有急事就直接喊,或者去找他们就行了。主要是怕孩子打电话来接不到,我女儿在成都上大学,就怕她有急事。不过,我每个月都给她打电话。每次要打电话的时候,我就到村后面的那座大山顶上,她能接到我的电话,就是经常跟我说风太大、杂音大,听得不是很清楚,要反复说几次。"

笔者:"你应该可以用QQ、微信和她聊天,就可以知道她的情况了。"

受访者V9:"QQ、微信她有,我也有,但是没有信号,网络很差,很难接通的。我是很想上网,看看国家对农村的一些政策,看看有没有指导我们种洋芋、花生的知识,但是上不了网。"

这段访谈说明我国乡村移动阅读的基础设施亟待完善,一些偏远的山区由于信号站比较远,手机信号也差,所以应该扩大通信设施在农村的覆盖范围,为乡村移动化阅读搭建基本的"信息公路"。

(2)乡村民众对农村群众文化的认知度不高

在城乡发展不平衡的影响下,我国很多乡村,尤其是西部地区的村民纷纷离开故土,到城市尤其是东部和南部的城市务工。由于青壮年村民的外出,乡村出现了大量的留守儿童和空巢老人。长期居住在乡村的老人除了做繁重的农活之外,还要照顾留在家里的儿童,在劳作一天后就需要休息了,每天很难有时间开展文化娱乐活动。在这种情况下,村民对农村群众文化的认知度更低,老人不愿意让留守儿童独自参加文化娱乐活动,而且儿童学习负担较重,还有一些家庭里年纪稍大一些的儿童要参加劳动。这就让乡村民众更难以认识到农村群众文化的价值。可以说,在缺少留守儿童及空巢老人等群体参与的情况下,"农村群众文化建设举步维艰"。

(3)农村群众文化活动引导存在缺位的情况

通过对各地区的调研可知,在当前中国农村,尤其是华北和西部的农村,很多地方都没有专门从事群众文化工作的人员,而在设有文化站的地方工作人员很少能坚守在岗位上,除一些经常被乡镇抽调去做其他工作的人员之外,一些工作人员没有具体的工作职责,这导致农村群众文化的开展缺乏专业人员的引导和组织。更有甚者,一些建有图书室、文化站的乡村因为长期无人管理导致相关设施破损,很多人只能在打牌等活动中消磨时光,村民的文化活动开展情况极为令人担忧。

(4)缺乏骨干人才

农村群众文化的发展需要一支实力较强、认真负责的文艺骨干队伍。

没有这样一支队伍,就没有排头兵,农村群众文化的建设就缺乏主心骨和主要力量。无论是农村群众文化的发展规划,还是相关文化活动的组织和开展,都需要文艺骨干的参与。然而在调研过程中,笔者发现,目前我国华东、华南、华北,尤其是华中和西部67%以上的乡村都缺乏文艺骨干,有的村庄甚至没有文艺骨干。不少乡镇的文化站开展基本工作都比较困难,乡村文艺骨干更是难觅其一。客观地说,即使有文艺骨干,他们也很难发挥作用,因为农村文化基础设施稀缺,村民对文化活动的积极性也不高,不少乡镇政府也没有对文艺骨干给予应有的重视,使得专门开展文化活动的人员无法发挥作用,哪里有需要就被借调到哪里。在这种情况下,乡村文化活动的开展陷入困境,一年到头很难组织几次文化活动。对新农村建设来说,这无疑是一件令人头疼的事情。

此外,笔者发现,很多乡村的农村群众文化发展还存在上面不重视、乡镇时冷时热、农村冷冷清清的情况,村民对文化活动的热情不高,农村群众文化单调、发展缓慢。对此,笔者在华北某村的调研也得到了印证。

【访谈摘录】受访时间: 2021 年 5 月 13 日。

笔者:"你们这里有专门的文化工作者吗?"

受访者 V6:"没有,有时候镇里会来一些人,在村里张贴标语,让村长叫大家去开会,对我们讲发展农村文化的重要性,要求我们多参加一些文化活动。"

笔者:"那你们去参加了吗?"

受访者 V6:"去哪里参加啊?都没有人组织,我们隔壁村就有人在腊月击鼓跳舞,边跳边唱,我们都过去看,但我们这里没有,整个镇里只有他们村会搞一些唱歌跳舞的活动。"

笔者:"你觉得那个活动有意思吗?"

受访者 V6:"很有意思,老老少少唱呀跳呀,很是热闹。"

笔者:"那你可以建议你们村也组织这些活动吗?"

受访者V6："不好办啊,我们村不像他们那边,他们有专门的人组织,据说搞活动的时候还要准备一个方案,我们没有这种人。我们这边也没有几个人感兴趣。"

笔者："那你们腊月里农闲的时候都干什么?"

受访者V6："事情多着呢!要准备明年的春耕,还要上街买吃的。能玩的也很多,我们经常去钓鱼,很多人也爱打牌,有的人也打羽毛球。"

笔者："你们都不上网看新闻、看有趣的信息吗?"

受访者V6："偶尔也看看,但都是随便看看,消磨时间。"

笔者："其实,上网能够学到很多东西,你们种地就可以从网上学习。"

受访者V6："都没有听说过种地还能在网上学,网上有什么呢?我们到地里去种就行了。"

笔者："网上可以学的多了,不但可以学种地,还可以学习怎么过得开心。没有人跟你们说过吗?"

受访者V6："没有,谁管这个呀。"

这说明发展乡村文化骨干队伍,让他们带动群众学习文化知识、开展相关的文化娱乐活动对建设农村群众文化、提高中国乡村民众的移动化阅读素养尤为重要。

3.1.2　中国乡村民众移动化阅读素养

今天,由于传统阅读的相对弱化和新媒体技术的勃兴,广大村民的移动化阅读显露出蓬勃生机,虽然村民的移动化阅读素养不高,但他们的阅读习惯已经发生了较大的变化。

3.1.2.1　移动化阅读已经融入村民的生活,其移动化阅读素养将会逐步提升

随着互联网的发展和移动终端的普及,乡村民众已经较为广泛地开展阅读活动,尤其是新产业工人,他们的阅读活动更为频繁。根据笔者的调

查,在468份有效问卷中,每天进行1~5次移动化阅读活动的人数达到358人,占总人数的76.5%;每天进行6次移动化阅读活动的人数达到67人,占总人数的14.3%。广大村民不仅进行移动化阅读,还在阅读中经常与他人分享经验。数据显示,在移动化阅读中,经常与他人进行沟通、分享的人数达到402人,占总人数的85.9%。这说明乡村民众不但经常进行移动化阅读活动,还经常利用移动化阅读平台与他人进行交流,移动化阅读已经融入广大村民的生活,村民的移动化阅读素养将会逐步提升。

3.1.2.2 移动化阅读的内容偏短且相对浅显,深度阅读需要加强

由于乡村民众的整体文化素养相对较低,加之阅读时间有限,因此他们在开展移动化阅读的过程中更倾向于简短和浅显的内容。在调查中,笔者发现,在阅读篇幅上乡村民众选择短文的有393人,占总人数的83.97%,而阅读中选择进行泛读的有266人,占总人数的56.84%。这说明广大村民的阅读时间较少,需要在较短的时间阅读较多的内容,同时村民倾向于通过泛读获取更多的信息,而这也要求提供相对浅显的内容。这也反映出村民在开展移动化阅读活动时,精读和深读等相对更有价值的阅读活动还需加强,虽然他们能够在需要的时候阅读简短而浅显的内容,但这种浏览式的、碎片化的阅读不利于提升自身的文化素养,因此应该在推动村民的"深度阅读"上下功夫。

3.1.2.3 乡村民众科技和服务类知识的文化素养相对偏低

我们深知,科学技术是第一生产力,因此我国早就提出了科教兴国战略,科技和服务类知识在乡村发展中的作用极大。但是,目前我国乡村民众的科技和服务类知识素养相对较低,他们要紧跟现代农业发展和现代乡村治理的步伐存在困难,这十分不利于新农村建设工作的推进,新农村建设需要更多有知识、懂经营、会管理的农民。在468份有效问卷中,笔者发现有374人认为"文化水平不能满足现代农业发展的需要",占总人数的79.91%;

有 403 人表示自己"难以有效地参与乡村治理",占总人数的 86.11%。这说明加强广大村民的科技类、服务类知识素养势在必行。

3.1.2.4　乡村民众的文化活动方式较为单一,开展移动化阅读的空间更大

当前,我国村民的休闲娱乐仍以看电视和打牌为主,其次多以聚集聊天打发时间。据调查,在 468 份有效问卷中,以"看电视"和"聊天"作为休闲娱乐方式的人数分别为 281 人和 137 人,分别占总人数的 60.04% 和 29.27%。显然,在"日出而作、日落而息"的乡村,村民的娱乐活动主要延续比较传统的方式。其实,阅读是一种较好的休闲娱乐方式,但当前很多乡村对阅读活动的投入明显不足,广大村民难以找到适合的阅读场所。在这种情况下,村民只能延续单调的文化活动。但随着新农村建设、乡村振兴工作的推进,丰富村民的业余文化活动势在必行。在互联网技术能够跨越千山万水、能够迅速将阅读信息传递到偏远农村的今天,大力发展移动化阅读事业,恰逢其时。而移动化阅读事业的发展无疑会在丰富广大村民的业余文化活动上发挥极大的作用,移动化阅读的发展空间较为广阔。

3.1.2.5　乡村民众对移动化阅读的态度不够积极,但对移动化阅读充满好奇

众所周知,人们对新事物都有一个适应过程。对长期扎根农村的广大村民来说,以数字化为依托的新媒体让他们在使用上面对技术鸿沟,但新媒体具有海量信息的承载能力,其信息传播形式也是丰富多彩的。因此,面对新媒体,村民都充满好奇,希望通过新媒体能够更为快捷地获取所需要的信息。经调研发现,有 361 位村民都希望通过手机等媒体获取信息,占总人数的 77.1%。不过,由于数字传播技术的门槛和乡村民众自身的素养相对偏低,农民对移动化阅读有一定的保守度和不适应感。在开展移动化阅读活动时,很多村民不能很好地使用移动媒体(调研发现,整体上有 69.8% 的村民表示在操作新媒体上存在困难)。这说明移动化阅读在农村的市场尚不

够广阔。但移动化阅读是新生事物,必然会逐步在农村市场中站稳脚跟,并迅速发展。由此可知,虽然移动化阅读在终端技术方面会给广大村民造成困扰,使他们对移动化阅读的态度不够积极,但是随着乡村民众技术素养的逐步提高,加上对移动化阅读的新奇感,他们必然会加入移动化阅读的大军。

3.1.2.6 乡村青年群体对移动化阅读有较高的认同度

农村的青年群体对新事物的接受能力相对较强,加上很多青年都有长期在城市务工的经历,视野相对比较开阔,因此他们在移动化阅读方面走在前面,几乎每天都会开展移动化阅读。综合华东、华南、华北、华中、西部地区的调查数据,笔者发现农村的网民更趋于年轻化,35岁以下的村民占比较高,在开展移动化阅读活动中,这部分村民所占比例也是最高的,占总人数约70%。同时,这部分人对移动化阅读的认同度是最高的,他们对娱乐信息的消费意愿极强,因此乡村移动化阅读的运营商可以以这部分村民为依托,根据他们的需求开展经营活动,让他们把移动化阅读更好地推广开去,由此培育新的移动化阅读市场,促进乡村经济的发展和文化的繁荣。

3.1.2.7 乡村民众在移动化阅读中的互动性明显增强

村民在阅读中具体的媒体需求不仅是一种信息传播载体的选择,而且体现在阅读活动开展的整个过程中。在传统媒体时代,传受双方的角色是相对固定的,信息传播者和接受者之间的反馈与互动很难进行,在农村地区这种情况更为突出,长期以来农民都被看作信息接收者,但由于不了解农民的真实需求,很多媒体的传播是失败的,传播错位的现象经常出现。此外,开展乡村的信息传播活动还存在投入成本高等问题,因此传统媒体时代的对农传播一直是个难题。在新媒体时代,由于传播科技的赋权,乡村的传播生态系统发生了巨大的变化,以智能手机、iPad等为代表的信息接收终端的出现和不断改进,信息传播者和接收者的角色已经不像以前那样固定,被传者不仅仅是信息的接收者,还是信息的传播者,传收双方的互动更为频繁,且村民的参与意识、表达意识、维权意识不断增强,他们使用新媒体的意愿也越来越强(综合调查数据,77.1%的村民都希望使用新媒体获取信息),在开展移动化阅读活动中的互动性也越来越强,因而移动化阅读大有前途。

3.1.2.8　农民对传统文化具有极大的兴趣

受乡村文化环境的影响,广大村民对传统文化,如节日文化等具有极大的兴趣,因此在移动化阅读中他们更多会选择具有浓厚的传统文化气息的内容。调查数据显示,村民在开展移动化阅读活动时,更多会选择具有传统文化意蕴的内容,具体见图3-4。

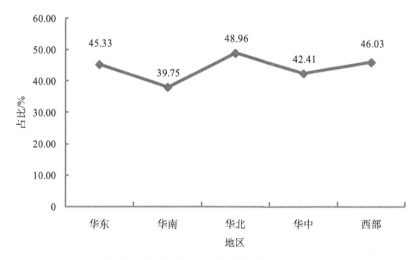

图3-4　乡村民众移动化阅读中选择传统文化的人数比例

3.1.2.9　教育、文化娱乐需求增加

近年来,随着乡村经济社会的发展,我国乡村民众对教育、文化娱乐等方面的信息需求量急剧增加,具体见图3-5。

有需求就会有市场,传播信息、提供娱乐是新媒体较为擅长的。乡村移动化阅读的运营商应该在充分考察乡村市场的情况下,有针对性地生产和传播相关的信息,以不断丰富乡村民众的文化生活,并由此获得更多的经济利益。

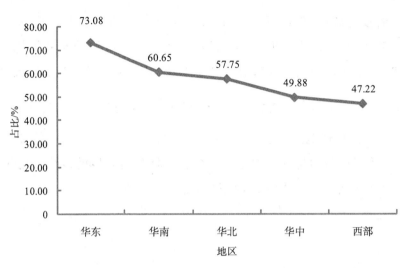

图3-5　乡村民众在移动化阅读中对教育、文化娱乐感兴趣的人数比例

3.1.2.10　在移动化阅读中乡村民众的阅读时间和地点可选择性不强,阅读场景相对受限

由于劳动量比较大,劳动负担比较重,因此乡村民众在开展阅读活动时的时间和地点相对受到限制。就时间来说,碎片化的情况尤为明显,村民主要在睡觉前和劳动中间休息时开展移动化阅读活动。在468份有效问卷中,数据显示有455人的阅读是在睡前进行的,而在"等待"(相当于劳作的中间休息)中开展阅读的只有13人,仅占总人数的2.8%。就地点来说,乡村民众一般是在家阅读,很少在其他场合阅读。数据显示,在家开展移动化阅读活动的人数为293人,占总人数的62.61%,而在交通工具等场景中开展移动化阅读活动的人数为168人,占总人数的35.90%,还有一部分人选择在村里召集开会的空闲时间阅读。这说明由于繁重劳动的影响,在移动化阅读时广大村民很难自主选择阅读的时间及地点。

3.2　中国乡村民众移动化阅读的习惯

由于图书馆、阅览室等基础设施相对匮乏,又缺少开展文化活动的专门人员和文艺骨干,加上繁重的农活,因此很多地区的乡村居民没有养成较好的阅读习惯。在这种情况下,传统阅读很难推进。在新媒体时代,网络能够较好地弥补图书馆、阅览室等基础设施缺乏的沟壑。只要接入网络,广大村民就可以加入移动化阅读的队伍,较为主动地阅读自己喜欢的内容。而随着村民对网络依赖程度的加深,乡村移动化阅读的运营商就可以有效地培养他们的移动化阅读习惯。

3.2.1 乡村民众移动化阅读习惯的变化

可以肯定的是,随着移动化阅读的推进,乡村的移动化阅读情况发生了较大的变化,主要体现在三个方面。一是移动化阅读群体的不断扩大。移动化阅读的产品是典型的数字产品,其可以通过多种手段表达,可以满足不同年龄群体的阅读需求。我们知道,年轻人喜欢阅读网络文学,喜欢看各种新闻,尤其是体育、娱乐新闻,移动化阅读就开发了很多网络文学、网络新闻的 App,供年轻人进行阅读;儿童喜欢各种奇幻作品,移动化阅读就在网上开辟了专门的空间,供孩子阅读或观看相关的文字、影音作品;老年人或者经常开车的人可以选择听书(在数字媒体时代,听书也是一种移动化阅读)。近年来,"两微一端"迅速普及,其社交化功能吸引了大量读者群体。在这种情况下,乡村移动化阅读群体的队伍正不断扩大。二是各种智能化的阅读终端纷纷涌现并不断普及。传统的阅读方式主要是以纸质媒介为载体,而互联网时代的移动化阅读最吸引人的地方就是突破了纸质媒介的限制,实现了从纸质到屏幕的飞跃。因此,移动化阅读进入"屏"时代,广大村民可以充分借助各种智能化的"屏幕"开展阅读活动,信息传播与信息获取渠道都得到极大的拓宽,阅读媒体的样式也极为丰富多彩,如网络在线阅读,智能手机、iPad、Kindle 等移动终端阅读等。当然,在移动化阅读极为流行的今天,传统的阅读模式并未消失。同一家公司可以通过不同的终端传播信息,相同的读者也能够通过多个阅读终端开展阅读活动,且都不受时间和地点的限制。三是除传播载体日益多元化之外,移动化阅读的内容也不断丰富。随着移动化阅读的发展和人们自身文化素养的提高,广大村民对阅读的内容也提出了较高的要求。而需求是发展的动力,为了满足广大村民的内容诉求,移动化阅读的运营商正在不断完善阅读内容,促进乡村移动化阅读的发展。因此,在今天,数字阅读已经不是纸质阅读的电子版呈现,或者简单地传递某些粗劣的内容,而是利用正规的媒体渠道,根据读者的需求对相应的内容进行整合和加工,并将之迅速地传递给特定的受众。在这种情况下,移动化阅读将会从快餐式的"浅阅读"向沉浸式的"深阅读"迈进。然而需要特别指出的是,网络普及面广、承载的信息量极大、准入门槛相对较低,因此网络中的信息存在鱼目混珠、良莠不齐的状况,高质量的阅读内容的获取仍有一定的困难。

在移动互联技术和移动终端的影响下,广大乡村民众的阅读习惯逐渐发生了变化,主要体现在以下几个方面。

3.2.1.1 乡村民众逐渐适应阅读电子书、网络新闻等网络作品

在互联网的影响下,社会大众的阅读行为逐渐向移动化阅读靠拢,身处乡村的广大民众也不例外。如今,移动互联和移动终端已经走入了千家万户,乡村的移动化阅读环境已经初步形成,广大乡村民众利用智能手机等移动终端开展移动化阅读已成为较普遍的现象。同时,在阅读中与他人进行分享、互动等已经成为乡村民众生活的一部分。

在传统媒体时代,广大乡村民众的阅读对象大多是纸质图书,阅读内容较为单调,且缺乏互动性。而在新媒体时代,乡村民众的阅读突破了时空的限制,只要接入网络就可以阅读图文并茂的作品,戴上耳机可以静心听书,并在与他人的交流中获得知识和愉悦。移动化阅读给读者营造的自由、舒适的场景让广大乡村民众逐渐依赖移动化阅读。正因为如此,越来越多的移动化阅读运营商不断开发乡村移动化阅读市场,并获得了较为丰厚的回报。这充分说明乡村民众逐渐适应阅读电子书、网络新闻等网络作品,移动化阅读正逐渐成为广大乡村民众的新的阅读方式。这在调查中也得到了印证。在468份有效问卷中,282人有过阅读电子书的经历,330人有过阅读网络新闻的经历,分别占总人数的60.3%和70.5%。

3.2.1.2 乡村民众逐渐适应快餐式、碎片化阅读等方式

影响人们进行快餐式阅读的主要因素是时间的碎片化和阅读内容的碎片化。调查中,有408人表示他们习惯于快餐式、碎片化阅读,占总人数的87.2%。这与当今的信息环境密切相关。在信息社会,信息数量爆炸性增长,并迅速嵌入网络和传统的媒体空间,铺天盖地地席卷人们生产和生活的每一个角落,人们的生活节奏、生活方式也因此受到极大的影响。就广大乡村民众来说,受繁重的农活的影响,人们不得不选择碎片化的内容阅读,力争在碎片化的时间里获得更多的信息。在这种情况下,对信息进行浏览成为主要的方式,因而快餐式阅读应时而生。在长期的快餐式阅读中,村民已逐渐适应这一阅读方式,而且由于快餐式阅读的信息简短、内容简明扼要,满足了人们在短时间内方便快捷地获取知识的需求,村民逐渐对之比较依赖。不过快餐式阅读是一种典型的"浅阅读",与其相比多数人逐渐对深度阅读失去耐心,使得传统的阅读方式日渐式微。如何在移动空间中开展"深阅读"成为人们共同思考的问题。

除了逐渐适应快餐式阅读之外,乡村民众还逐渐适应碎片化阅读方式,碎片化阅读逐渐成为潮流。客观来说,碎片化阅读和快餐式阅读都属于"浅阅读"。为了能够短时间内从浩如烟海的信息中获取适合自己的信息,广大乡村民众往往寻求碎片化的内容。与快餐式阅读不同,碎片化阅读不停留在对信息的快速浏览上,而是着力将信息化整为零,拆解原有知识的结构,使它们变成一个个信息点、知识点,以方便广大读者阅读。为了迎合读者的需求,很多移动化阅读公司都积极利用大数据、算法推送等手段,为广大读者群体提供个性化的信息,让人们在虚拟的空间中进行阅读和互动,获得满足。

3.2.1.3 多元化阅读正在勃兴

在今天,内容多元化、终端多元化和媒介多元化已经成为人们阅读的重要特征。在人类历史上,从来没有任何时代像现在这样,信息呈裂变式增长,信息内容极为丰富和多元。面对广大读者群体的需要,各种各样的阅读

终端如雨后春笋般纷纷出现,阅读终端的多元化已成为现实。同时,随着网络的发展和普及,越来越多的新媒体走入了寻常百姓家,移动化阅读呈现出勃兴态势,传统纸质媒介作为阅读的载体并没有消失,因而多面、多终端、多屏阅读是广大村民读者的阅读现状。通过调查发现,在468份有效问卷中,共有294人表示自己同时使用手机和电脑阅读信息,他们占总人数的62.8%。整体来说,由于移动化阅读有着自身的技术优势,如自主性、社交性、开放性等,成为当前的主要阅读形式,并使广大村民逐渐适应其运作方式。不过,移动化阅读也存在自身难以克服的局限,如内容庞杂、鱼目混珠、真假难辨,使读者在阅读时跳跃性较强,不利于读者对相关的信息进行思考,阅读比较浅。同时,包括广大村民在内的读者在开展阅读时必须对相应的阅读软件或终端熟悉且能自由操控,因此存在一定的技术鸿沟。

3.2.2 乡村民众移动化阅读习惯的培养

如前文所述,由于农村的很多阅读设施不健全、阅读组织者较为匮乏,因此不少乡村民众还没有养成良好的阅读习惯。同时,由于宣传还不够深入,所以许多村民还没有充分认识到文化知识、科技知识在乡村发展中的重要性,还延续着之前的耕作方式和生活习惯,"靠天吃饭、靠运气生活"的想法在不少乡村依然流行。在这种情况下,部分乡村民众对阅读嗤之以鼻,宁可打牌和聊天,也不愿静下心来读一本好书,加上一些科技类、文化类书籍内容较为复杂,达不到村民对读物通俗易懂的要求,可操作性也不强,所以很多村民花时间阅读后仍无法解决问题。通过调查,在468份有效问卷中,共有425人认为自己在阅读后仍然无法找到解决问题的途径,他们占总人数的90.8%,因此一些村民也逐渐不想阅读科技类图书。与传统的阅读相比,移动化阅读能够随时随地开展,村民也几乎都拥有移动化阅读终端,因此移动化阅读的运营商可以借此培养广大乡村民众移动化阅读的习惯。如何培养他们的阅读习惯呢?地方政府及移动化阅读的运营商可以从以下七个方面着手。

　　第一,完善移动化阅读的公共设施,使广大村民能够快捷地开展移动化阅读活动。对于阅读活动,中国及世界各国都比较重视。联合国教育、科学及文化组织提出"让世界上每一个角落的每一个人都能读到书"的目标。要实现这一目标,就要完善乡村移动化阅读的各种基础设施,如网络覆盖、智能终端的普及等。从世界范围来看,公共文化服务一般与全民阅读成正比,完善乡村移动化阅读的基础设施,能够保障村民在田间地头、路上、家里及外出途中开展移动化阅读活动。面对这种情况,我国需要将完善乡村移动化阅读设施作为一项数字资源共享的伟大工程,加大乡村移动化阅读公共设施的投入力度,积极提高服务乡村民众开展移动化阅读的能力,使移动化阅读成为惠及广大乡村民众、助力乡村振兴的重要途径。我国正在积极实施"农家书屋"工程,其实可以把乡村移动化阅读看作"新农村书屋"工程并不断推进,使这个"新农村书屋"成为乡村的"阅读屋""致富屋""希望屋""幸福屋",积极开展"数字阅读"下乡服务,有效解决广大村民"借书难、看书难"的问题,形成"人人有书读、家家有书看"的良好局面。

　　第二,营造浓厚的阅读氛围,引导广大村民积极开展移动化阅读活动。对人类来说,读书始终是一个让人增长智慧、增强辨别是非能力的活动。往大处说,读书是国家兴旺发达的重要动力源泉,是巩固国家文化根基的重要活动。正因为如此,很多国家尤其是发达国家都特别重视民众的阅读活动、国民阅读习惯的培养和社会阅读氛围的营造。我国素来是一个崇尚知识的国家,在古代就有著书、读书及藏书的优良传统,先贤把"读万卷书、行万里路"作为至理名言。在移动化阅读技术日益发达的今天,倡导积极开展移动化阅读活动,能够在传承中华民族优良传统的同时,积极打造学习型社会,不断为创新型国家建设输入新的血液。开展乡村移动化阅读活动,事关"全民阅读"工程的效果,事关新型农民的培养和乡村振兴。因此,应该积极组织各种各样的阅读活动,鼓励广大乡村民众多读书、读好书,增强村民的读书意识,使他们养成良好的阅读习惯,让浓浓的"书香"飘荡在每个乡村。要做到这一点,就要让广大村民对移动化阅读有正确而清醒的认识,要积极培养他们的阅读兴趣,让他们把移动化阅读作为一件十分快乐的事情。"知之者不如好之者,好之者不如乐之者""学而时习之,不亦说乎",移动化阅读在培养广大村民的阅读兴趣方面具有天然的优势:随着微博、微信、豆瓣等读书软件的普及,阅读内容将会更加丰富多彩,政治、经济、科技、军事、文化、外交、国防及各种娱乐等海量信息数据皆可在接入互联网后被阅读,古典文化、大众文化、科技知识、服务知识等在移动化阅读中交相辉映,让广大村民在阅读中有了更大的自主权,培养他们在阅读中找到自己感兴趣的内容;移动化阅读空间中的内容的表现形式不像传统媒体时代那样拘泥于文字和图片,而是加入了许多音频和视频,图文并茂、音频和视频交融更容易引起广大乡村民众的兴趣;随着移动互联网和移动终端在农村应用的深入,村民在移动化阅读方面的技术鸿沟会不断被填平,他们将能更加自由和灵活地开展移动化阅读活动。正因为如此,相关的政府部门和移动化阅读运营商可以充分利用新媒体技术提供的各种有利条件,大力培养广大村民在移动化阅读方面的兴趣,使村民的移动化阅读成为一种习惯。

第三,为广大乡村民众提供优质的阅读内容,让他们有好书可看。好书能够启迪智慧、陶冶情操、鼓舞斗志;读一本好书,就能与一个具有崇高思想和灵魂的人对话。对广大乡村民众来说,读一本好书,有可能找到一条致富之路,成为一个富有的人。因此,国家应该实施优质图书工程,挑选适合村民阅读习惯和阅读需求的图书及期刊,将其进行整合加工后以图文并茂的形式进行传播,让广大乡村民众能够随时随地通过网络进行阅读,为他们提供技术支持,催生符合各地特点的农业种植养殖区,为他们增收提供平台,培育一批批致富带头人,为乡村振兴铺平道路。在优质图书工程的打造中,要根据时代变化和乡村变迁不断更新图书种类,做到脚步迈向乡村、眼睛盯着农业、心中装着村民,村民的新想法、乡村的新需求和新变化,真正让优质图书和精品杂志能够以移动化的形式传输到乡村,让广大村民积极地看好书,使他们有耐心看书、有信心用好书中的知识,进而推动乡村的快速发展。

第四,深挖乡村移动化阅读市场,让广大乡村民众能够以极低的成本看书。与城市相比,乡村的经济相对落后,村民的整体收入低于城市居民的整体收入。在调查中,笔者发现绝大部分村民希望图书的价格在15元以内(图3-6),然而现在的图书价格动辄数十元,甚至上百元,尤其是有关农业科技方面的图书,很少有价格在30元以下的。当前,我国乡村阅读市场尚需要进一步培育,农民购买力偏低、购买意愿不强,乡村阅读市场的业态需要进一步激活。针对这种情况,我国应该鼓励将图书电子化,让村民以较低的价格或者免费就能读到图书。此外,在图书出版方面,应加大对优质的农业图书的奖励力度,重点加强网络阅读市场的建设,提高对相关图书的传播效果。

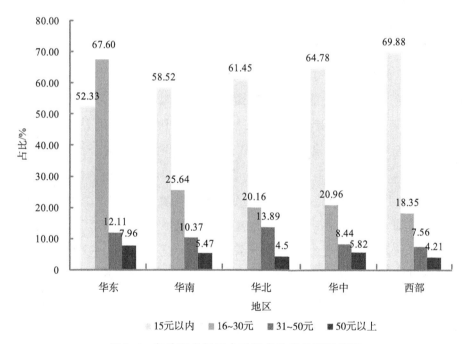

图3-6　各地区乡村民众对图书价格的接受情况

第五,在阅读内容上把关,培养广大村民在移动化阅读中的价值观念。我们知道,在网络空间中,相关网络公司(媒体)推出的阅读内容是极为广泛的,但方方面面的信息使得网络空间中的阅读内容良莠不分、沉渣泛起,许多信息不但不能提升村民的阅读素养,反而会腐蚀乡村优秀的文化传统,误导村民的价值观念。在这种情况下,需要对广大村民的阅读内容进行把关,将那些没有价值、庸俗下流和与社会主义核心价值观相冲突的书籍剔除,让有利于鼓舞村民士气、实现乡村振兴、为中华民族文化大厦添砖加瓦的电子图书、网络新闻等成为广大村民阅读的首选,不断培养他们树立正确的价值观。为了净化乡村移动化阅读的环境,就需要对那些只求点击量、被利益蒙蔽双眼的商家进行惩罚,让村民在积极健康的网络空间中开展阅读活动,让社会主义优秀文化、优秀的价值观念在农村遍地开花,并结出丰硕的果实。

第六,发展乡村文化专业骨干队伍,经常策划和组织各种移动化阅读沙龙活动。乡村民众对阅读不感兴趣,在一定程度上与乡村文化活动开展得不够深入、村民阅读意识普遍不高有较大的关系。因此,相关政府部门和移动化阅读运营商需要积极培养乡村文化宣传和策划队伍,让他们不断为乡村的移动化阅读创造环境。有了专业的文化工作队伍,就可以经常组织各种沙龙活动。沙龙活动能够将志同道合的人们聚集在一起,让大家各抒己见,各自谈谈阅读的感受和如何开展好乡村移动化阅读活动,从而吸引更多的人参与进来,让大家根据各自的兴趣选择相关的主题进行探讨和阅读。这样一来,乡村的移动化阅读就可以在比较有方向、有目标的情况下进行,就可以减少广大村民在开展移动化阅读中的零散性和随意性,并在彼此的交流和互动中对乡村振兴、国家发展、社会进步的相关主题了解得更为深刻、透彻,从而助推乡村经济社会的发展。除此之外,在乡村文化工作队伍的组织和领导下,可以定期地举行各种各样的读书比赛活动,组织读者开展读书报告会,并以读书比赛活动为依托,举办各种辩论大赛、经典诵读大赛,以此吸引广大村民参与移动化阅读,并对他们的阅读内容进行引导,做到以赛促读,让那些具有乡村振兴价值的书籍在乡村广为流传,让其文化底蕴和乡土气息得以广泛传播,不断陶冶村民的情操,不断为乡村社会的发展进步输入新鲜的血液,为早日实现乡村振兴作贡献。

第七,引导广大村民合理安排阅读时间、开展阅读活动,将传统阅读和移动化阅读有效地结合起来。在各行各业都高度媒介化的今天,呈爆炸性增长的信息借助多元化的媒体和多样化的接收终端,风驰电掣地席卷到世界的每一个角落。这让移动化阅读变得更加触手可及。我国是一个农业大国,村民也是移动化阅读的重要群体,积极开展移动化阅读活动,能够让广大村民及时了解国内外重大事件,了解国家的各种社会政策,掌握乡村发展的各种技能,使他们在增长学识的同时,缓解劳作的压力。目前,豆瓣阅读、微信读书等已经引起了政府部门、网络公司及相关研究者的重视,不少 App上的文章都较有阅读价值,很多还被传统媒体刊载。不过,快餐式的阅读往往让人沉浸在信息体验中,容易忘记阅读的初衷。凯斯·桑斯坦指出:"网络让人们容易获得自己喜欢的信息,而拒绝接受自己不喜欢的信息,事实上人们得到的是'窄化'的信息。"随着农业现代化的推进,乡村对指导农业生产和管理的相关知识的需求将会倍增,开展移动化阅读活动能够开阔村民的视野、活跃村民的思想、增强村民的求知欲望,能够培养一批具有独立思考能力和自主创新能力的新型村民,使他们能够将现代科技与农业生产管理结合起来,促进农业的发展和乡村的进步。要想将传统的阅读和移动化阅读结合起来,由此提高乡村移动化阅读的效果,就必须引导广大村民根据自己的时间和需求合理安排移动化阅读活动,将网络空间中的"浅阅读"及现实空间中的"深阅读"有效地结合起来,在多种媒体的使用中获取更多的知识,并尽情地愉悦身心。

总之,相关政府部门和移动化阅读运营商要联合起来,积极营造良好的乡村移动化阅读环境,让广大村民愿意看书、看得起书、有好书可看,真正做到让他们开卷有益。这就要求积极培养广大乡村民众的阅读习惯,提供优质的科技类和文化服务类书目,剔除格调低下的图书。同时,加大对侵权盗版行为的打击力度,杜绝政治性非法出版物,让乡村的移动化阅读生态更好,让广大村民能够在绿色的、健康的环境中好好读书,为新农村的建设提供宽广的平台。

3.3　中国乡村民众阅读内容的采纳

采纳是信息传播中的一个极为重要的概念,关系到信息的传播是否能够被受众接受,关系到整个社会信息传播的效果。信息采纳是在技术采纳的基础上扩展出来的。克里斯蒂等陆续对信息采纳进行研究,对信息采纳进行了简要的描述,认为信息采纳是一个过程,在此过程中人们进行有目的的信息利用。信息采纳行为是用户在虚拟团体中寻求行为引导的主要行为之一。我国学者宋雪雁认为,信息采纳连接了信息寻求、检索、选择与吸收利用等各个阶段,使人为区分的信息行为各个部分更加完整和合理,而且信息采纳行为本身也囊括了上述各个具体的信息行为过程。通过调研,笔者发现,村民对移动内容的采纳与村民的文化素养、阅读习惯密切相关。因此,乡村移动化阅读的运营商应该针对村民的具体情况,推送适合村民需求的信息,使他们能够采纳相应的信息,增强移动化阅读在乡村信息传播和利用中的作用。

关于移动化阅读中的信息采纳,笔者认为可以构建以下模型,并根据此模型来推送信息,如图3-7所示。

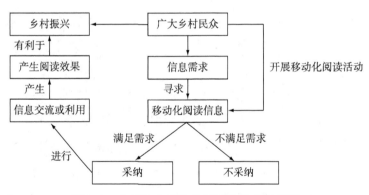

图3-7 乡村民众移动化阅读信息采纳模型

从图3-7可以看出,广大乡村民众有着实现乡村振兴的信息需求,并在需求的基础上寻求相关的阅读信息,开展相关的移动化阅读活动。当移动化阅读信息满足自身的需求时就予以采纳,不满足需求时就不采纳。在对相关的信息进行采纳后,广大乡村民众往往会进行信息的交流和利用,使移动化阅读运营商的内容产生阅读效果,有助于实现乡村振兴。这就要求乡村移动化阅读的运营商积极推出广大乡村民众需要的信息。笔者调查发现,目前广大村民主要会采纳以下类型信息。

3.3.1 个性化的内容

在乡村的移动化阅读中,无论是知识服务类还是休闲娱乐类阅读,都拥有较为庞大的读者群体。然而不管是哪一种阅读,其内容都呈现出个性化的特征。在对华东、华南、华北、华中和西部地区的乡村进行调研后,笔者发现,绝大部分乡村移动化阅读内容都呈现一个重要的特征:在阅读初期,87% 以上的村民都以阅读休闲娱乐类信息为主,如花边新闻、生活奇闻等,但这样的阅读不会持久,随着新农村建设的推进,村民越来越关注乡村发展和民生的内容。在提及"是否期望多发布与乡村振兴相关的信息"这一问题时,华东地区 90% 以上的村民都选择"是",华南地区选择"是"的村民达到93.72%,华北地区选择"是"的村民达到 95.56%,华中地区选择"是"的村民达到93.98%,西部地区选择"是"的村民为 89.47%。在对乡村移动化阅读软件的推送内容进行研究时,我们发现,当前乡村移动化阅读的运营商推送的主要内容有网络小说、网络新闻等,科技服务类内容并不多见。这就要求乡村移动化阅读的运营商改变当前推送的内容,从娱乐类转为科技服务类。同时,为了更进一步地激发村民的阅读兴趣,乡村移动化阅读的运营商还应该重点推送人文地理、乡村发展历史等诸多内容,以达到根据广大村民的需求提供个性化信息服务的要求。个性化的信息推送是取得成功的重要条件,如从 2000 年开始,中文在线就极为重视对教育领域的经营,其与清华大学,联合推出了全球第一个中文在线课堂,让世界范围有需要的网民都可以免费使用。

3.3.2 实用性的内容

在乡村,村民是最主要的劳动力,他们长期处在农业生产的第一线。因此,村民文化素养和生产能力的高低直接关系农业生产的质量和效率,而农业的发展与否和农民的收入有着极大的关系。由此可见,乡村更需要有利于促进农业生产和村民增收的实用性的信息。在对华东、华南、华北、华中和西部地区的乡村进行调研后,笔者发现,绝大部分村民急需科技类、实用性的信息,在提及"是否期望多推送有利于指导种植、养殖方面的信息"这一问题时,华东地区85.3%以上的村民都选择"是",华南地区选择"是"的村民达到87.72%,华北地区选择"是"的村民达到79.56%,华中地区选择"是"的村民达到73.98%,西部地区选择"是"的村民达到90.2%,比例最高。这说明满足生产、生活的需要是广大村民开展移动化阅读的重要前提。这一指向要求相关政府部门、乡村移动化阅读的运营商要为村民提供致富信息、实用性的技术、农产品经营管理、农产品需求等内容,使之与乡村的生产、生活实践相结合,为村民更好地开展农业生产和进行生活娱乐休闲提供帮助。因此,在对移动化阅读进行经营管理时,需要事先进行深入的调研和科学的策划,力求推出实用性强的农业移动化读物。同时,随着现代交通工具的改进,城市与乡村之间的劳动力流动及沟通交流活动频繁,乡村出现了不同于传统村民群体的新型村民,他们的生产和生活更具现代气息,更能适应复杂的劳动环境。不少村民离开乡村,在城市中从事复杂的工作,成了依靠土地但不完全依靠土地的群体。这部分村民对移动化阅读的内容要求更高,在移动化阅读中的自主性更强。村民劳动的空间正在不断扩大,劳动领域正在不断拓展。村民角色多元化必将让他们接收的信息也出现多元化的情况。村民所从事的工作不同,对移动化阅读内容的选择就会不同,即使只是从事种植业,也可以分为多种类型,如粮农、烟农、果农、瓜农、菜农及茶农等。这就要求相关的政府部门和移动化阅读的运营商在明确各类村民群体的特殊需求后,有针对性地提供相应的阅读内容,避免出现信息错位的现象。这说明乡村民众对移动化阅读内容的需求的范围极广,但往往都是实用性的。

3.3.3 地域性的内容

我国地域极为广袤,在不同的地区地质、地貌和民风、民俗相差较大,尤其在乡村,不同的地域呈现出不同的文化风貌和地域文化元素。除此之外,不同的地域有着不同的自然条件及不同的气候条件,因此村民的生产、生活及文化素养都存在差别,其在农业生产中也存在很多差异,需要的知识也大相径庭,必须与当地的生产、生活实践紧密结合。在对华东、华南、华北、华中和西部地区的乡村进行调研后,笔者发现,不少村民都对具有地域性的信息感兴趣,在提及"是否期望多推送与自己所在地域相关的信息"这一问题时,华东地区76.5%以上的村民都选择"是",华南地区选择"是"的村民达到69.8%,华北地区选择"是"的村民达到79.65%,华中地区选择"是"的村民达到71.83%,西部地区选择"是"的村民为64.12%。在这种情况下,乡村移动化阅读的运营商应该结合地区的历史文化、地质地貌和民风民俗提供阅读内容,开发出独具特色的区域阅读信息库,做到既能满足村民的需要,又能较好地打造地区特色鲜明的文化品牌,所以特色鲜明的地质、地貌和形态各异的乡村文化是移动化阅读取之不尽、用之不竭的资源。相关政府部门和移动化阅读的运营商应该高度关注各地域的乡村,做到信息推送贴近乡村、贴近实际,以此激发村民的生产热情和爱国热情,打造原汁原味的农产品和乡村文化。

3.3.4　"袖珍型"的内容

随着乡村社会发展变化进程的不断加快,村民的生产、生活节奏也在不断加快。乡村移动化阅读的运营商也应该提供"短""平""快"的信息,以符合村民碎片化阅读的习惯。在乡村移动化阅读市场中,"袖珍型"的内容大有可为。在对华东、华南、华北、华中和西部地区的乡村进行调研后,笔者发现,很多村民习惯于阅读"袖珍型"的、碎片化的内容,在提及"是否期望多推送短小的内容"这一问题时,华东地区68.5%以上的村民选择"是",华南地区选择"是"的村民达到79.8%,华北地区选择"是"的村民达到65.43%,华中地区选择"是"的村民达到71.86%,西部选择"是"的村民为70.95%。对于手机电子书成功的原因,无论是从语言还是从篇幅来看,电子书都具有"袖珍型"的特征,就接收终端来说,手机也是"袖珍型"的。同时,手机电子书中比较受欢迎的就包括"袖珍型"小说,其内容大多为2万~3万字,但内容较为完整,小说的要素,如时间、地点、人物、故事、环境等都比较齐全,其中的矛盾和冲突也很有趣。也就是说,一些"袖珍型"小说也能够采用简明扼要、直观的语言,将较为新奇的内容表达出来,使读者能够在短时间内最大限度地获得感性刺激。由此可知,乡村移动化阅读的内容应该以小主旨为切入点、以平民化的语言为表达方式,在写实性、贴近性上下功夫,让村民在简洁、明了的信息中找到自己的阅读需求。当然,除内容和语言的"袖珍"外,生产机制的"袖珍"也是乡村移动化阅读得以勃兴的重要原因。移动化阅读深入人们的生产和生活,而这促使移动化阅读的生产机制走上了"袖珍型"道路。需要指出的是,篇幅、语言和生产机制的"袖珍"并不会影响信息的传播能力,相反以"袖珍型"的方式出现的信息更能较为全面地融入村民的生产、生活,其传播能力、渗透能力更强大。

3.3.5　融合化的内容

移动化阅读的内容是数字化的,其主要以各种各样的数字设备和二进制形式对信息进行存储和成像,供用户需要时进行提取和阅读。在对相关的信息进行呈现时,运营商不仅可以通过文字、图片、色彩和版式等元素展示,还可以融合音频、视频和超链接等各种元素,最大限度地实现文本、声像和数据的整合传播,并在此基础上将用户的视觉、听觉等各种感知融合,让用户在阅读中得到更惬意的体验。这样一来,用户就能够在由多种符号交融而共同呈现的内容中感受更形象和逼真的内容信息,从而对相关的内容保有极大而持久的兴趣。在对华东、华南、华北、华中和西部地区的乡村进行调研后,笔者发现,很多村民都希望阅读通过音频、视频、图片和文字融合呈现的信息,在提及"是否期望多推送音频和视频、图文并茂的信息"这一问题时,华东地区63.5%以上的村民都选择"是",华南地区选择"是"的村民达到67.8%,华北地区选择"是"的村民达到71.4%,华中地区选择"是"的村民达到63.6%,西部地区选择"是"的村民达到60.1%。移动化阅读提供数量极为庞大的信息资源,使得用户既可以通过各种网站了解图书信息并进行自主阅读,又可以进入博客、论坛了解作者和读者信息,并可以在超链接中实现无限化的阅读,从而在大脑中形成相应的知识关联,达到阅读的解放,所以融合化的内容使广大村民获得了无尽的阅读体验,极大地激发了他们的阅读热情。

3.3.6 娱乐性的内容

在大众文化的影响下,社会消费潮流逐渐走上娱乐化的道路。各种各样的娱乐信息借助新媒体进行传播,移动互联网的发展更使娱乐信息的传播如虎添翼,并由此形成了独具特色的休闲娱乐方式。由于文化素养相对较低,所以村民对专业性知识、理论性知识的理解能力尚需加强,其阅读兴趣也不高,他们更倾向于阅读那些以图片、视频的形式呈现出来的,理解起来相对轻松的信息,这种情况在青年农民群体中表现得更为明显。也就是说,在新媒体的影响下,村民在精神文化消费领域的内涵已经发生了巨大的变化,他们在获取信息时可以采取多种方式,在求知的过程中求乐。在对华东、华南、华北、华中和西部地区的乡村进行调研后,笔者发现,绝大部分村民都对娱乐性内容感兴趣,在提及"是否期望多推送娱乐性的信息"这一问题时,华东地区92.5%以上的村民都选择"是",华南地区选择"是"的村民达到89.8%,华北地区选择"是"的村民达到86.7%,华中地区选择"是"的村民达到90.4%,西部地区选择"是"的村民达到88.5%。移动化阅读也应该顺应这一趋势,为村民提供娱乐性的阅读内容,但要注意引导他们在娱乐中学会对农业的经营管理,保持健康向上的精神风貌。

总之,在移动化阅读时代,村民对相关内容的采纳意愿发生了较大的变化,有关政府部门及移动化阅读的运营商要根据村民信息需求的变化,有针对性地提供有价值的信息,为乡村经济社会的发展作出积极的贡献。

本章小结

本章主要对"乡村民众的移动化阅读素养"这一主题进行研究,对乡村民众的文化素养进行了深入的分析,对他们现有的阅读习惯及适应移动化阅读模式的习惯的培养进行了较为详细的探讨，对移动化阅读环境中广大乡村民众对信息内容的采纳情况进行研究，为后续的研究奠定了坚实的基础。

4 中国乡村移动化阅读的SWOT分析

SWOT是内部优势和劣势、外部机会及威胁四个英文单词的第一个字母的组合,即S(strengths)是优势、W(weaknesses)是劣势、O(opportunities)是机会、T(threats)是威胁。这种分析是基于某种事物的内、外部竞争环境和竞争条件的态势分析,是将与研究对象密切相关的各种主要内部优势和劣势、外部机会和威胁等通过调查列举出来,并依照矩阵形式排列,然后用系统把各种因素相互匹配起来加以分析,从中得出一系列相应的结论,而结论通常具有一定的决策性。根据企业竞争战略的完整概念,战略应是一个企业"能够做的"(即组织的强项和弱项)和"可能做的"(即环境的机会和威胁)之间的有机组合。

经过多年的发展,移动互联网已经进入千家万户。不过,从整体上来看,全世界的移动互联网市场尚处于发展初期,虽然与移动互联相关的新的应用软件和程序及新的业务不断涌现,但在农村尤其是发展中国家和落后国家的农村,用户的普及率尚不高。以中国为例,在农村的用户普及率方面,第51次《中国互联网络发展状况统计报告》显示,我国网民规模为10.67亿,同比增加3.4%,互联网普及率达75.6%。其中,城镇网民规模为7.59亿,农村网民规模为3.08亿,农村互联网普及率为28.8%。❶据此可知,我国移动互联网在农村的普及率也比较低。乡村移动互联网的普及率不高,这说明我国乡村移动化阅读的基础设施比较薄弱,应该大力提高移动互联网在广大农村地区的普及率,从而更好地推进"全民阅读"工程。日本是最早发展移动互联的国家之一,据统计,早在2008年,日本使用移动互联作为网络接入的手机用户就达到8000多万,占整个手机用户的87%。而在移动数据业务创收方面,日本更是占据全球40%的市场,当年3G终端普及率超过80%,

---

❶ 资料来源:第51次《中国互联网络发展状况统计报告》。

而单是移动商务和移动业务这两块的收入就突破了10亿美元的大关。❶有数据显示,早在2013年移动互联网刚刚兴起时,中国移动互联网市场的创收就突破千亿元大关,达到1059.8亿元,与2012年相比,增速达到81.2%。从业务方面来说,我国移动互联网市场中增速最快的是移动电子商务,2013年的移动购物创收位居第一,占整个移动业务市场的38.9%。❷移动互联网的普及为移动电子商务的腾飞铺平了道路。在今天,移动电子商务已经成为移动互联网的热门行业。中国的移动电子商务发展尤为迅速。据统计,2014年6月,中国移动电子商务市场交易额突破两千亿元大关,达到2542亿元,而同样的业务在2013年仅为532亿元。因此,与2013年相比,2014年中国移动电子商务市场交易规模增长37%。❸

移动电子商务的发展必然激活乡村的移动化阅读市场。借助移动电子商务,乡村的移动化阅读终端市场、移动化阅读的电子书市场等会得到较为迅猛的发展。移动化阅读的市场定位和产品供应将会更加符合乡村民众的消费需求。不过,需要指出的是,由于目前我国的乡村移动化阅读的内容资源相对匮乏,且盗版情况较多,这些因素都会对乡村移动化阅读的盈利模式造成较大的影响,因此目前我国乡村移动化阅读的产业链尚需进一步完善,以使其不断走向成熟。但我国的乡村移动化阅读的市场前景是极为广阔的,这是因为我国乡村移动互联网的普及率尚低,随着普及率的提高,与移动化阅读相关的应用和业务必然会快速发展。同时,在我国乡村移动化阅读中,各种终端纷纷出现,使移动化阅读操作越来越方便,在阅读时广大民众的体验也越来越舒适,这必将进一步激活移动化阅读市场的发展。此外,我国乡村民众的文化素养正不断提高,加上不少村民在进城务工时受到城

---

❶ 杨小平,李少庭. 融合与创新　新一代信息技术产业热点研究[M]. 北京:中国经济出版社,2016:343.

❷ 杨小平,李少庭. 融合与创新　新一代信息技术产业热点研究[M]. 北京:中国经济出版社,2016:343.

❸ 杨小平,李少庭. 融合与创新　新一代信息技术产业热点研究[M]. 北京:中国经济出版社,2016:343.

市移动化阅读的影响,逐渐成为进行乡村移动化阅读的新生代农民,他们会为乡村移动化阅读市场的发展带来新的动力。不过客观地说,我国乡村移动化阅读也存在许多问题,如广大村民的整体收入不高、乡村民众的信息素养偏低、乡村移动化阅读信息推送的错位、乡村用户的黏度不高等。因此可以说,我国乡村移动化阅读面临机遇与挑战并存的局面。我们要积极把握其中的机遇,想方设法解决问题,以充分激活乡村的移动化阅读市场,促进乡村的蓬勃发展。

4.1　当前中国乡村移动化阅读的优势

作为广大农村地区的"农家书屋"的拓展与创新,乡村移动化阅读已经成为一种新时代的"农家书屋",可被称为"新农家书屋",能够为村民提供精神营养、智慧及希望。在全社会的关怀下,乡村移动化阅读具有更多的发展优势,主要体现在以下几个方面。

4.1.1　技术应用的不断深入为乡村移动化阅读突破"信息抵达"的障碍

技术向来是行业发展的重要动力,我国乡村移动化阅读的技术和资本都是极为强大的。就技术来说,移动通信技术的发展为乡村移动化阅读的勃兴提供了强大的技术支持。在云计算、云存储、大数据等技术的赋能下,乡村移动化阅读的运营商能够根据算法等技术,深挖广大乡村用户的信息偏好和消费习惯,然后有针对性地进行信息推送,使乡村移动化阅读的运营更加精准和有效。当前,我国积极推进"信息扶贫"工程,推出了若干"互联网+"措施,力争通过互联网这一强大的信息载体将有利于乡村发展的信息传播到各个乡村。这为乡村移动化阅读运营商经营乡村移动化阅读市场带来了福音。在各地农村调研时,笔者发现,以重庆为代表,很多农村都推出"网络扶贫"项目,积极发展农村电商、农村金融,积极发展农业物联网、产业对接、乡村旅游及各种便民服务;为农户,尤其是种植养殖大户提供信息对接,打通生产、销售、管理等各个环节;利用互联网开展各种培训体验活动,不断提高信息化在农业农村工作中的应用水平。可以说,乡村信息高速公路的"最后一公里"服务正逐渐打通,乡村移动化阅读的技术优势正在凸显。

4.1.2　资本涌入为乡村移动化阅读插上腾飞的翅膀

资本的涌入是乡村移动化阅读得以蓬勃发展的动力。随着投资的涌入和移动化阅读 App 的纷纷上市,乡村移动化阅读在各种资本的助推下将会不断拓宽运营空间。其实,随着乡村经济的发展,乡村移动化阅读的盈利空间必然扩大。因为村民的收入提高,他们付费阅读的习惯就会逐渐养成。其实,在今天的中国,网上支付已经逐渐被广大村民接受,且他们也经常使用网上支付业务,这为他们在移动化阅读中购买电子书提供了更多的可能性。据统计,在各地区的农村,具有网上支付经历的村民所占比例较高,具体见图4-1。

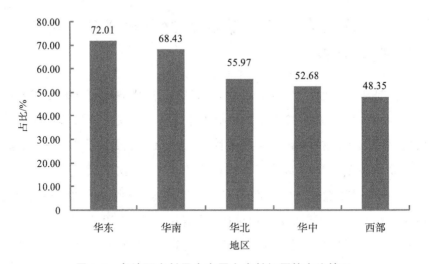

图4-1　各地区乡村民众有网上支付经历的占比情况

从图4-1可以看出,目前我国乡村民众有网上支付经历的占比较高,华东地区的占比最高,达到72.01%,而西部地区的占比最低,但达到48.35%。从图4-1中还可以看出,乡村民众的网上支付比例与当地的经济发展水平有着较大的关联性,从华东到华南、华北、华中,再到西部,经济的发达程度依次递减,而广大乡村民众网上支付的比例也依次递减,所以要推进乡村移动化阅读的建设,乡村经济的发展要先行。对此,西南财经大学的一位副教授深有感触。在接受访谈时,他就明确指出:

经济是其他一切社会要素发展的基础,对乡村移动化阅读来说也是如此,而且经济在这方面的影响似乎更为突出。就乡村居民来说,他们首先考虑的是生存问题,生存问题解决了,他们还要奔小康。在物质生活相对宽裕以后,村民才会考虑开展娱乐、休闲活动,才会考虑到网上读书,放松自己。即使需要了解怎么种地,他们也往往不会主动地到网上搜索相关知识,一般都是问问朋友,或者买一些传统图书来看。当前,我国的很多农村,尤其是偏远民族地区的农村,民众的生计都还存在问题,让他们到网上付费开展移动化阅读活动,他们肯定不愿意。当然,那些腰包相对较鼓的村民,尤其是年轻的一代,他们是愿意付费购买一些自己特别需要的信息的。❶

随着网上支付产业逐渐成熟,各移动化阅读运营商都积极推出移动化阅读的网上支付业务,为广大村民开展移动化阅读提供更完善的服务。另外,目前4G应用已经非常广泛,5G技术也将逐渐普及,广大乡村民众的移动化阅读习惯会逐步养成,他们在移动化阅读中的体验感也将会越来越强,对移动化阅读市场有着强大的支撑作用。在这种情况下,我国的移动化阅读产业将会不断调整和重组,其运行必然更加有序。乡村移动化阅读的运营商应该积极挖掘广大乡村用户的需求,为他们提供个性化的阅读服务,吸引更多的人参与付费阅读。

---

❶ 受访者S5,受访时间为2021年5月17日。

4.1.3 国家政策的支持为乡村移动化阅读的发展保驾护航

我国乡村移动化阅读获得许多政策的支持。2010年,新闻出版总署颁布了《关于加快我国数字出版产业发展的若干意见》。该意见对作为乡村移动化阅读的重要环节的数字出版产业进行了详细的规划,力争在"十二五"规划末期,中国将数字出版的产值提升到整个新闻出版产业总产值的25%,使其整体规模处于全球的前列。同时,该意见还在数字出版产业园、数字出版基地等方面进行了规划,力争在"十二五"规划末期打造8~10家特色各异、年产值过亿的园区或基地。此外,还要打造约20家年主营业务收入超过10亿元,在世界上具有较强的竞争力的数字出版骨干企业。2024年,中央网络安全和信息化委员会办公室、农业农村部、国家发展和改革委员会、工业和信息化部联合印发《2024年数字乡村发展工作要点》。该文件要求,深入贯彻落实习近平总书记关于乡村振兴的重要指示批示精神和中央经济工作会议、中央农村工作会议精神,认真落实《中共中央 国务院关于学习运用"千村示范、万村整治"工程经验有力有效推进乡村全面振兴的意见》部署要求,深入实施《数字乡村发展战略纲要》《数字乡村发展行动计划(2022—2025年)》,以信息化驱动引领农业农村现代化,促进农业高质高效、乡村宜居宜业、农民富裕富足,为加快建设网络强国、农业强国提供坚实支撑。《2024年数字乡村发展工作要点》明确了工作目标:到2024年年底,数字乡村建设取得实质性进展。数字技术保障国家粮食安全、巩固拓展脱贫攻坚成果更加有力。农村宽带接入用户数超过2亿,农村地区互联网普及率提升2个百分点,农产品电商网络零售额突破6300亿元,农业生产信息化率进一步提升,培育一批既懂农业农村、又懂数字技术的实用型人才,打造一批示范性强、带动性广的数字化应用场景,抓好办成一批线上线下联动、群众可感可及的实事。这些都是我国政府在规划中提供的政策支持。除了这些政策外,国家的财政政策的支持力度也在加大。在大力实施"全民阅读"工程这一背景下,国家号召各地加大对乡村移动化阅读的投入力度,各级地方政府纷纷设立"全民阅读"专项资金,不断加大财政投入力度。2015年,山东省财政就在全民阅读方面投入专项资金1800万元;2017年,开封市政府除了加大"全民阅读"专项资金投入之外,还对实体书店和"全民阅读"进行奖励,发放实体书店奖励资金64.56万元和全民阅读奖励资金65.52万元,共计130.08万元;2018年,长沙市财政安排购书经费500万元,较2017年增加200万元,2019年加快培育全民阅读推广新阵地。安排专项经费400万元支持出版部门启动建设200个"城市书吧·新阅读空间",通过书吧与餐饮、商业、艺术等机构融合植入,更好地为市民提供便利的阅读服务;2021年,温州持续打响"书香社会 阅读温州"品牌,累计投入超1.1亿元,打造了以公共图书馆、城市书房、农家书屋和实体书店为阵地,"数字云阅读""农家云书屋"为亮点,城市书巢、流动书吧、文化礼堂、文化驿站等为补充的立体公共阅读空间,全民阅读蔚然成风;等等。更多的财政投入为移动化阅读的发展提供了充足的资金支持。在对华东、华南、华北、华中和西部的一些农村进行调研时,我们也发现,当地相关部门也加大了移动化阅读的财政投入力度。这说明包括广大村民在内的民众开展阅读活动有了强大的政策支撑。北京师范大学的一位教授在接受访谈时指出:

事实证明,乡村的振兴不能只靠物质扶贫,给予再多的物质和金钱,不在智力上下功夫,会遇到投资大、回报小的问题。有句话说得好,"扶贫先扶智",只有有了智慧,农村方能自力更生,农民方能实现脱贫。而要扶智,就要大力开展文化下乡、智力下乡工作。在传统媒体时代,文化下乡、智力下乡工作进度并不理想,而在新媒体时代各种移动化阅读终端不断兴起,价值丰富的阅读内容能够迅速传到每个村庄,无疑能够加快文化下乡、智力下乡工作的进程。倘若国家鼓励更多的资本进入阅读市场,不断提高移动化阅读的服务质量,那么将会取得事半功倍的效果。❶

---

❶ 受访者S2,受访时间为2021年5月12日。

毫无疑问,技术、资本及政策等多种因素的支持,必将使乡村移动化阅读步入发展的快车道。

4.1.4　市场规模的扩大对乡村移动化阅读的发展产生扩展效应

据统计,2022年我国数字阅读用户规模达5.3亿,同比增长4.75%,用户规模带动市场繁荣发展,数字阅读市场总体营收规模达463.52亿元。❶随着IP产业的发展,优质IP在乡村移动化阅读市场中的功效日渐凸显,加上国家版权保护力度的加强使版权制度更加规范和完善,都使用户付费率不断提升,移动化阅读在农村地区的市场必然会不断扩大。不过,与城市相比,我国乡村的移动化阅读的用户数量整体较少。我们知道,当前移动化阅读用户主要集中在城市,尤其是北京、上海、广州、深圳等一线城市,以及武汉、杭州、成都、重庆、南京等。但农村是我国人口的主要居住地,乡村移动化阅读用户的规模将会不断扩大,得益于乡村用户数量不断增长的红利,乡村移动化阅读市场远未达到饱和。此外,得益于国家"全民阅读""文化下乡"等政策,目前我国很多移动化阅读公司都纷纷响应号召,发起了乡村捐书活动,大量的移动化阅读用户参与为偏远山区孩子捐书、为贫穷农村居民送书的活动,这些活动使得移动化阅读市场出现了城市下沉、乡村异军突起的情况,如阿里文化开展了"益起读书"公益活动,自2018年4月开始,积极嵌入阿里电商这一大生态系统,与天猫、优酷、淘宝、阿里影业、阿里音乐及阿里游戏等联手,充分利用丰厚的资源,号召大家参与阅读活动,通过日常用户签到、阅读时长转化为公益捐书数量的形式吸引了大量移动化阅读用户参与为偏远、贫穷乡村捐书的活动,为广大村民送去温暖和知识。此外,掌阅也开展"全民阅读,文化筑梦"的公益活动,从2018年4月开始,与权威媒体、政府部门、读者群体及出版机构等联合,为偏远山区的民众送去纸质书、电子书及电子阅读器等阅读资源和设备,积极鼓励村民阅读,不断激发广大村

---

❶ 2022年度中国数字阅读报告[EB/OL]. (2022-08-12)[2024-06-10]. https://baijiahao.baidu.com/s?id=1764131270218382476&wfr=spider&for=pc.

民阅读的兴趣,培养他们的阅读习惯,使读书成为他们的发展梦。这充分说明乡村移动化阅读市场发展不是放缓而是刚刚开始发力,乡村移动化阅读市场规模呈现稳步上升趋势,其创收前景值得期待。在接受访谈时,南京大学的一位教授也对乡村移动化阅读市场的发展前景给予肯定。

一直以来,中国的发展重点和难点都在农村。移动化阅读也是这样,在城市早就风靡,但农村发展姗姗来迟。不过,乡村的移动化阅读市场较为广阔。根据国家统计局2019年1月21日公布的数据,截至2018年年底,我国农村常住人口为5.64亿人,加上户籍在农村、进城务工、经常在城乡之间流动的人口,乡村民众的数量就更庞大了。我国正着力推进社会主义新农村建设,又加大新型农民的培养力度,村民的文化素养、收入都在不断提高,眼界也逐渐变得开阔。伴随着乡村移动化阅读设施建设的推进和休闲娱乐的时间逐渐增多,村民的移动化阅读市场一定会扩大,他们不仅阅读相关的知识,甚至还会为移动化阅读平台提供符合乡村实际情况的内容,供他人阅读,这种情况还能够加强参与移动化阅读的村民之间的互动,所以从长远来看乡村移动化阅读市场的发展是值得期待的。❶

4.1.5 产业链的初步形成为乡村移动化阅读的发展补齐短板

随着阿里、掌阅等掌上移动化阅读助力乡村移动化阅读的成功,加上许多移动化阅读公司对乡村市场的潜心经营,使得乡村移动化阅读市场的产业链初步形成,并不断走向成熟。在乡村移动化阅读市场中,我们已经看到了不少了解乡村情况的作者通过移动化阅读平台为广大村民送去阅读作品,并从中获得收入。同时,数字化内容平台正如雨后春笋般纷纷出现,其中有不少平台的实力都较为雄厚。这些平台聚集了大量阅读资源,如网络文学平台、网络短信平台、网络多卷本图书平台等,并聚集了一大批数字出

---

❶ 受访者S3,受访时间为2021年5月9日。

版社或出版商和拥有大批电子书的制作企业,还让相关的内容审核部门直接可以在平台上进行审核。内容平台提供了内容,并从中获得收入分成。此外,乡村移动化阅读还存在很多阅读渠道,如各种 App、智能手机、iPad 等第三方服务商,为平台的内容价格、分发等提供了强有力的支撑,他们在为读者提供作品后也获得收入分成。当然,还有大量乡村读者群体,他们处于产业链的末端,通过各种终端开展阅读活动,并反过来对作者、内容平台和阅读渠道产生影响,促使他们提供更适合阅读的作品。

在对华东、华南、华北、华中、西部等地区的乡村的调研中,笔者发现,绝大部分乡村的移动化阅读市场都有内容提供商、服务提供商,也有各种终端提供商和数量较为庞大的用户群体。在调研中,笔者感觉最明显的是,乡村移动化阅读市场不但有相应的运营商和用户群体,而且各方之间的合作日益密切。可以这样说,随着乡村移动化阅读向更深、更广的层次迈进,内容提供商、终端制造商、服务商及用户之间的沟通和协作越来越紧密,乡村移动化阅读发展更为迅速。当前,人们已能较轻松地驾驭移动通信技术,将其应用到社会发展的各行各业中。在信息传播领域,移动通信催生了多媒体服务,在这种情况下信息的传播已不局限于某种单一的形式,而是对文字、图片、音频、视频进行数字化处理,使其以融合的形态出现,让人们充分感受媒体的魅力。在这种情况下,移动通信技术的作用远远不只停留于提供多媒体业务这一浅层次的领域,该技术使传播的内容具有流动性,个性化更为突出,同时让不同的终端服务商根据信息的传输格式运营自己的终端。这样一来,无论是内容,还是终端服务,或是其他环节的服务,都被卷入了多媒体的浪潮,相互之间谁也离不开谁。对乡村移动化阅读来说,随着移动通信技术的升级换代(目前已经到了 5G 时代),广大乡村民众对各种移动终端的需求、各种信息的需求与移动化阅读经营者不遗余力地开拓各种增值服务市场的想法相契合,内容、终端、服务等多领域的业务交融在一起,这让内容、终端、服务三方开始考虑相互协作,共同推动乡村移动化阅读的发展。然而由于各种利益的博弈,有关各方目前并没有真正走上通力合作的道路,这是令人遗憾的。不过,从长远来看,乡村移动化阅读平台的发展必然会促使各利益相关方开展合作。这充分说明乡村移动化阅读的产业链已经初步形成，并将会不断走向成熟。毫无疑问，这将为乡村移动化阅读的发展提供更多的机遇。

4.2 当前中国乡村移动化阅读的劣势

任何事物都具有两面性，有优势就必然有劣势。总的来说，乡村移动化阅读存在以下方面的不足。

4.2.1 多元化的乡村移动化阅读 App 建设亟待推进

目前，我国的乡村移动化阅读体系较为简单，主要集中在"数字农家书屋"方面。不可否认的是，农家书屋是党和政府重点推进的惠民工程，其建设事关农民的文化权益，事关新农村建设的成效，当前"数字农家书屋"在乡村阅读中发挥巨大的作用。随着数字技术的发展，相关部门尤为重视数字化阅读，国家新闻出版总署颁布的《关于加快我国数字出版产业发展的若干意见》明确指出要"积极支持农家书屋向数字化方向发展"，使农家书屋成为移动化阅读的重要阵地，让村民通过网络可以随时随地浏览各种资讯的"数字新农村多媒体阅览系统"备受青睐，与传统的阅读相比，其在传播形态、传播速度及资讯容量方面均具有极大的优势，农民在阅读中的主动性得以凸显。可以说，农家书屋的数字化转型必然对乡村的移动化阅读产生巨大的影响，但对移动化阅读的运营商来说仅依靠农家书屋做文章是不够的，因为在当前中国农村，很多地方连传统的农家书屋都没有，数字农家书屋的建设更是无从谈起。我们知道，做大做强阅读资源、搞好阅读服务是推动乡村"全民阅读"工程的重要保障。客观地说，虽然我国特别重视民众的阅读工作，在全国范围内掀起"全民阅读"的高潮，仅在农村地区由国家推动的阅读工程就有"农村图书室网""万村书库""知识工程"等，但是阅读工程的总体效果并不理想。我国是在 2007 年推行"农家书屋工程"的，对其先后投入180 多亿元，2012 年"农家书屋工程"已全部覆盖了全国 64 万个行政村。如此浩大的工程投入充分表明我国政府对乡村民众开展阅读活动的重视程度。

为了了解"农家书屋工程"的实际效果,笔者分别在华东、华南、华北、华中和西部的多个农村进行调研。调研发现,在有农家书屋的村庄里,多数农家书屋的设备都比较破旧,图书品种单一且数量普遍较少,缺乏专人管理,书屋的利用率较低。

鉴于此,对乡村移动化阅读的经营者来说,扭转上述局面,需要建设多元化的移动阅读 App,打造内容更为丰富、体验感更强的阅读平台,方能真正触动乡村移动化阅读平台用户的痛点,从而在乡村移动化阅读的市场中获取丰厚的收入。

4.2.2 "内容为王"的春风尚未吹遍乡村移动化阅读的田野

就当前的乡村移动化阅读来说,"内容为王"尚未引起足够的重视,符合农民需求的原创内容及优质内容都比较少。我国的移动化阅读主要集中在城市,用户多分布在人口多、经济较发达省份,广东、江苏省份用户占比较高。同时,用户在新一线城市、三线城市的占比较高。❶这一数据也就意味着农村用户在移动化阅读中的占比仍然偏低。在乡村移动化阅读市场中,不少运营商都没有专门提供符合村民文化水平、阅读习惯和现实需求的内容,而是利用网络的广泛覆盖性,将在城市中布点的 App 延伸至广大农村,内容依然以休闲娱乐为主,符合农民消费需求的原创内容极少。而符合村民需求的原创资源是移动化阅读运营商开拓、保持和发展农村市场的利器。就乡村移动化阅读来说,如果运营商继续只提供网络文学,保持乡村移动化阅读的内容与城市移动化阅读的同质化状况,就会导致原创极度稀缺,其将难以分到发展乡村移动化阅读带来的经济蛋糕。而如果某家运营商能够提供符合村民需求的原创内容,则将会使乡村移动化阅读的马太效应更为明显。

---

❶ 2022 年中国移动阅读市场年度综合分析[EB/OL]. (2022-08-12)[2024-06-10]. https://new.qq.com/rain/a/20220704A09PYR00.

　　除原创内容较少外,符合广大村民阅读需求的优质内容也比较稀缺。在乡村的移动化阅读中,具有阅读价值的优质内容不多,阅读内容的同质化现象较为严重,且泛娱乐化特征较为明显,生产性、服务性、教育性的内容匮乏,难以满足乡村民众尤其是青年群体的阅读需求。因而对那些致力于开拓农村移动化阅读市场的运营商来说,极不利于打造属于自己的相对稳定的读者群体,也就很难走上可持续发展的道路。绝大部分移动化阅读运营商将着力点放在城市,对乡村的移动化阅读市场没有引起足够的重视,甚至反应比较冷淡,这是乡村移动化阅读市场缺乏优质内容的一个重要原因。移动化阅读运营商一般都拥有数量庞大的作家群体、资源极为丰富的阅读平台及多元化的阅读推广渠道,在移动化阅读生态中处于较为重要的位置。他们只有主动组织生产具有浓厚的乡土文化气息、适合广大乡村民众阅读的优质内容,乡村民众才能更好地开展相应的阅读。当然,开发农村移动化阅读市场需要投入更多的精力和更为巨大的物力财力,且投入以后收效远远没有城市来得快,收入也远远低于城市市场,但乡村人口占据主体地位,只要进行有效的规划,其长尾效应就会慢慢凸显。乡村移动化阅读优质内容稀缺的另一个重要原因,应该是移动化阅读运营商在城市已经有了一块相对固定的自留地,他们的读者群体也相对稳定,继续推出已经打磨多年的内容,甚至是同质化内容也能坚持运营,创新的动力和需求不足,因此新的内容很难脱颖而出。同时,内容提供商、终端服务商等长期以来都把主要精力放在平台和融合传播方面,因为这些是他们认可的增值点,对内容的审核把关和生产的重视度不够,这就使优质的内容更加稀少。

　　在这种情况下,乡村的移动化阅读陷入一个较为尴尬的境地,农民群体需要符合自身需求的阅读内容,现状却是想读的内容极少甚至没有,而移动化阅读的运营商又盲目地推广与城市移动化阅读一样的内容,使得乡村移动化阅读的发展更加令人担忧。信息需求和信息推送不匹配的情况,称为信息服务错位。在今天的中国农村,阅读资源与服务往往与村民的需求存在严重的错位情况。移动化阅读运营商,尤其是那些实力强大的运营商,应该积极部署乡村市场,稳扎稳打地推进,不断拓展乡村阅读市场的空间。令人遗憾的是,在当前的乡村移动化阅读市场中,真正适合村民深度阅读的内容特别少。而数字媒体的崛起,让村民能够在碎片化的时间中开展阅读活动,但在碎片化时间中所进行的阅读,往往属于浅阅读的范畴,村民能够吸收的营养是有限的。再加上符合村民阅读需求的原创内容和优质内容特别少,就使得广大村民真正可以进行深度阅读的东西特别少,也就很难收到阅读效果。

4.2.3 乡村移动化阅读市场的跑马圈地尚未完成

当前,不少移动化阅读提供商纷纷进军农村市场。在农村的移动化阅读这一生态系统之中,存在着内容提供商、产品生产和经营商、渠道提供商、支持商、数量庞大的用户及版权管理方等众多的生态位,整个生态链能够有效连接起来,使移动化阅读产业链初具雏形。然而从整体上来说,由于移动化阅读运营商一直把经营的重点放在城市尤其是一二线城市,因此只是在城市中形成了百度文学、小米阅读、腾讯阅读、中文在线、掌阅及阿里文学等几大移动化阅读领域的独角兽,对幅员更为辽阔的乡村来说,移动化阅读市场的跑马圈地远未完成。我国乡村移动化阅读平台的产业链虽然已经初步形成,但其影响力仍然较小。由于移动化阅读的乡村市场的收入远远不如城市,其运作往往是在相关政府部门的号召和安排下进行的,很多参与者如内容提供商、服务提供商、终端厂商、电信运营商、零部件厂商及第三方支付厂商等商家并不看好乡村移动化阅读市场,他们在农村所开展的阅读活动不少是公益性的,因而各个商家之间的关系并不融洽,如果所有商家都寻求利益的最大化,那整个乡村移动化阅读的产业链发展就会受到巨大的影响。之所以各个商家不能同心协力,原因在于在乡村的移动化阅读市场中,内容提供和技术服务往往是独立的,也就是说他们各有自己的经营者,这使乡村移动化阅读产业的运营出现了相对明确的分工。他们在相关部门的安排下进入农村移动化阅读市场,在内容生产、平台集聚内容、终端支持、网络运营等各个环节各行其是,且相互之间还存在着竞争和博弈关系,因此较难协同奋进。所以在今天的乡村移动化阅读市场中,我们经常看到各个运营商纷纷通过扩张、收购或战略合作等手段来抢占乡村市场,且在抢占一席之地后,又纷纷在乡村移动化阅读产业链的内容、产品、版权等环节展开博弈,各个运营商都想实现自身环节的不断变现,以期获得更多的利益。这种情况对乡村移动化阅读的发展造成阻碍。正如华南师范大学的一位副教授在接受访谈时所说:

乡村移动化阅读刚刚兴起,各种相关的商家联合进军乡村移动化阅读市场,但一些商家在进军之前,没有仔细对乡村移动化阅读的生态进行认真的分析,只是觉得应该能挣钱。其实,乡村移动化阅读的生态比城市移动化阅读的还要复杂,城市居民素养相对较高,移动化阅读需求大,且不少商家已经在城市深耕多年,他们有一套相对成熟的运营模式,盈利的方式方法也比较多。但是乡村居民的文化素养整体不高,对移动化阅读还抱有神秘感,乡村有关移动化阅读的基础设施又不健全,居民所拥有的移动化阅读工具相对有限,而且他们需要的信息又较为单一,对移动化阅读的刚需不强。在这种情况下,开拓乡村移动化阅读市场,内容提供方、设备提供方、第三方服务机构等都需要进行大量的投资,用资本建设基础设施和唤起乡村居民对移动化阅读的兴趣,毫无疑问,这要花很长的时间。商人投资的目的是利润最大化,乡村移动化阅读的经营者,各相关方都希望在投资后尽快赚钱,但对目前的乡村移动化阅读市场来说,这种想法很难实现。所以各相关方就不得不考虑节约成本,并想利用低成本获取利润,这就是他们之间存在着博弈的重要原因。其实博弈只会使自己的利益受损,在市场开拓初期,唯有抱团取暖方能站稳脚跟。❶

在调查中,笔者发现,有超过70%的乡村民众不知道掌阅、阿里文学、腾讯阅读等知名的阅读平台。这说明众多的移动化阅读运营商仍然不重视乡村移动化阅读市场的运营,乡村移动化阅读市场的圈地活动尚未完成。因此,在乡村移动化阅读市场中,各相关服务商应该协同起来,担起自己的责

---

❶ 受访者S4,受访时间为2021年5月10日。

任,共同促进乡村移动化阅读的发展,在做大做强相关的产业链以后,自己也能够从中获取丰厚的报酬。

4.2.4　乡村民众的付费阅读习惯尚未养成,长尾效应尚未凸显

2015年,微信开通了阅读打赏功能,之后逐渐推进其阅读付费机制。当前,移动化阅读付费的时代已然来临。但对用户尤其是农村的用户来说,由于习惯了免费阅读的情况,因而对付费阅读抱有较大的抵触性,尤其是所需要的消遣娱乐的信息,基本上能够免费获取到,加之混乱的付费市场给用户造成的坏印象,乡村用户往往不愿意付费阅读。此外,一些村民之所以不愿进行付费阅读,是因为确实经济比较紧张,需要把钱花在生计上面。不过一些村民没有进行付费阅读,不是因为没有钱,而是没有那个想法,或者怕花了钱却买不到自己想要的东西,因为他们对网络抱有神秘感,加之经常听说网络诈骗多,所以就更不会付费了。在西部某村调研时,通过对一个开乡村百货店的村民的访谈,笔者也证实了这一说法。

笔者:在上网遇到要花钱购买才能看相关的信息的时候,你会花钱去购买吗?

受访者V10:花那个钱干嘛? 我又不是必须要读哪个东西,我拿着钱找不到事干了?

我有钱没钱,与上不上网去购买那些东西没有关系啊。现在网络陷阱多,微信、支付宝都要绑定银行卡,万一被下套了怎么办? 我整天无聊就看看电视,看看网上的短视频,又不需要花钱,还安全。

笔者:你没有在网上阅读的习惯吗?

受访者V10:没有,无聊就看看,反正花钱买的我就不干。

这说明一些村民确实没有形成付费阅读的习惯,乡村移动化阅读市场的长尾效应尚未凸显。然而这并不等于乡村移动化阅读的付费无法推行,因为现在的农村发展越来越好,村民的腰包越来越鼓,如果能够提供专门性的信息,并对付费进行规范,且能够保证乡村用户的隐私,乡村的付费阅读也是可以尝试的。

4.2.5   乡村移动化阅读平台的宣传推广力度尚需加足马力

上文说过,超过70%的乡村民众不知道掌阅、阿里文学、腾讯阅读等知名的阅读平台,这本身就足以说明乡村移动化阅读平台的宣传推广力度尚需加强。要想更快、更好地抢占乡村移动化阅读市场,移动化阅读运营商必须大力推广自身的阅读平台,然而就目前来说,移动化阅读运营商对农村的阅读推广是相当乏力的。靠网络等新媒体和树立口碑等方式来推广,在城市可能能够获得一定的效果,但就农村来说,由于网络基础设施相对落后、缺乏口碑基础,加之村民平时关注得相对较少,因而这些推广方式在农村收效甚微。因此投入资金和时间进行长期推广,是建设乡村移动化阅读平台无法避开的事情。事实上,除平台的推广力度不足外,乡村移动化阅读平台还存在用户黏度较低的情况。这与相关运营方对平台的情感渲染不足有重要的关系。移动化阅读具有天然的社交性,在具体的阅读活动中,就广大村民来说,无论是对书籍的阅读、点赞和发表评论,还是互相关注后展开交流活动,都有一个因素在起作用,那就是具有共同的情感或相同的观点,其中尤以具有共同的情感最为重要。因为很多交流互动都是浅层次的感想,读者往往没有进行深度的思考,因而相关的交流很少体现出专业性,这在广大农村地区表现得更为明显,所以具有情感的共鸣才是移动化阅读中不同读者之间最为重要的,以此加强平台的情感性也是移动化阅读尤其是乡村移动化阅读发展的重要手段。

知名的传播学者克莱·舍基在《未来是湿的》一书中提出了"湿世界"这一影响极为广泛的概念,所谓湿世界,是指因为社会性软件的存在,让人与人之间的交流与互动变得更加具有人情味,而在这一软件促使下的社会也成为一种具有黏性的存在。❶乡村的移动化阅读平台就是一个典型的"湿世界",人们利用各种移动化阅读终端,进入相应的读书软件和平台开展阅读活动。在这个"湿世界"之中,读者进行着相对较为平等的交流和沟通,如果没有情感的共鸣,读者就很难在阅读之中产生情感碰撞,也就很难对平台保持忠诚度。因此,在乡村移动化阅读平台中,情感的分享与交流得益于相对专业的阅读和观点的分享,相互之间深层次的交流和沟通显得尤为必要,而并不是胡乱地表达自己的想法和观点。因此,只有在平台中保持较多的情感能量、让读者具有相对集中的关注点,使用户不会对阅读平台的社交性感到疑惑、不会在互动中产生疲惫感,才能对阅读平台保持较高的忠诚度,从而提升平台的用户黏度。

不过需要注意的是,并不是所有的读者都喜欢平台的开放性、喜欢毫无保留地展示自己的读书空间,他们喜欢自己的空间具有一定的私密性,过多的社交介入会让他们产生厌恶的感觉,这也会降低他们对平台的忠诚度。不过在今天,这样的用户并不占多数。因为移动化阅读是在社交媒体兴起的基础上兴起的,社交性是移动化阅读的一种优势所在,又是移动化阅读发展的必然趋势,在移动化阅读中寻求互动和情感分享,已经是移动互联网时代网络用户的重要行为,通过读者的点赞、评论、转发等具有仪式感的各种行为,移动化阅读变得更有趣,因而能够提高读者的体验感,由此增强平台的黏度。需要指出的是,读者的阅读行为大多是碎片化的,受工作和生活的影响,他们很难抽出时间进行点赞、转发和评论等活动。尤其是广大农村地区,受繁重的体力劳动和琐碎的生活杂事的影响,村民能够用来开展阅读活动的时间本来就不多,他们的时间碎片化状况更为明显,这使得乡村移动化阅读场景的碎片化特征更为突出,因而就更难与其他读者互动了。在运营

---

❶ 刘砚议.微信朋友圈中的"印象管理"行为分析[J].新闻界,2015(3).

乡村移动化阅读市场时,商家必须考虑到这一具体情况,采用增强移动化阅读的体验感等手段来提升用户的黏度。

4.3 当前中国乡村移动化阅读所面临的机遇

我国极度重视"全民阅读",先后多次把"全民阅读"写入政府工作报告,号召积极打造乡村移动化阅读市场,促进移动阅读的发展。因而移动化阅读有着众多的发展机遇,主要体现在以下几个方面。

4.3.1 村民收入的增加助推乡村移动化阅读用户消费能力的提升

伴随着农业农村的发展,乡村经济的发展不断取得新的成就,广大村民的收入不断上升,因此其在移动化阅读方面的消费能力必然不断增强。根据国家统计局2022年居民收入和消费支出情况统计,全国居民人均可支配收入36883元,农村居民人均可支配收入20133元,增长6.3%,扣除价格因素,实际增长4.2%。农村居民人均可支配收入的增速继续高于城镇。乡村经济增长率高于城市经济增长率,说明乡村的消费市场前景较为广阔。在移动化阅读方面,近年来,在"全民阅读"政策的推动下,我国相关部门逐渐重视移动化阅读市场,网络文学、网络听书等产业的相关法规得到较大程度的完善,网络阅读的内容保护机制逐渐健全,网络阅读环境不断规范,移动化阅读行业的旗舰公司也纷纷在版权、阅读渠道等方面掀起保护和拓展高潮,乡村移动化阅读的生态运行日益良好,发展较为健康。在这种情况下,用户的付费阅读习惯逐渐养成。据调查,各地区有移动化阅读经历的村民,大多有付费下载、付费阅读电子资源的经历,其中华东地区的比例最高,达到了82.55%,西部地区比例最低,但也达到了57.43%,具体情况如图4-2所示。

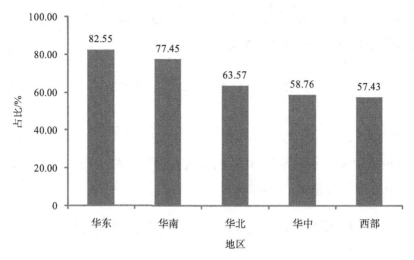

图4-2　各地区有付费阅读经历的乡村民众占比

在问及为什么愿意付费阅读时,华东地区的一个村民说:

有些时候,我看到网上的信息很有价值,认为对自己开展农业经营会有帮助;而有些时候感觉很无聊,很多电子书、视频比较有意思,但它们往往只提供试读或者试看,已经看了一部分,很想知道结果,就会付费来看。其实现在的付费都比较方便,用微信、支付宝等扫一扫就支付成功了,又花不了多少钱,所以一般会进行付费阅读。❶

在收入增加、付费阅读习惯逐渐形成的情况下,广大乡村民众在将来的移动化阅读中的投入必然会不断增加,其消费能力将会不断提升,而这毫无疑问会为乡村移动化阅读市场的发展提供动力。

4.3.2　抓住用户阅读时间段上的营销时机

在调查中,笔者发现,许多村民在进行移动化阅读时,其阅读时间往往是碎片化的,然而他们却有相对固定的阅读时间——睡前会花一部分时间

---

❶ 受访者 V1,受访时间为 2021 年 5 月 9 日。

进行阅读。乡村居民主要进行农业劳动,他们一般早出晚归,与城市居民忙于四处工作、忙于赶车等不同,乡村民众的阅读时间主要集中在劳作回家后吃过晚饭到睡觉前的空当,与城市居民相比,他们有相对固定的阅读时间。在468份有效问卷中,具有移动化阅读习惯的乡村民众,有86.75%的人都有在睡前进行阅读的习惯。在调研时,华南某村的一个40岁出头的村民告诉我们:

> 我几乎每天晚上睡觉前都要上一个小时左右的网,很多时候还不止一个小时。我上网主要看百度推送的信息,里边有讲中国历史上的小故事的、有讲如何做菜的、有讲国家自然风光的、有讲某个地方发生怪事的(如新疆某湖泊中有水怪),我觉得都很有趣,有些时候看到自己喜欢的视频,还会点进去看,一个视频接着一个视频地看,很花时间,我会及时退出来去看网页上讲的奇闻逸事。有些时候感觉网上的信息太有趣了,就花几个小时去看,直到过了晚上十二点才赶紧睡觉,因为第二天还要去干活,不然就会看更长时间。❶

需要指出的是,农村居民与城市居民在利用等车、等人或坐车的时间开展阅读方面存在着较大的区别。在今天,我国移动化阅读的用户主要集中在企业管理人员这一群体,其次就是事业单位人员,目前移动化阅读的运营者也把主要精力投向这群人。但随着乡村民众相对固定化的阅读习惯的形成,移动化阅读的经营者必然会抓住这个机遇,积极为广大乡村民众推送信息。

4.3.3　IPv12的广泛应用助推移动化阅读的发展

在移动互联网发展方面,IPv6时期就实现了传统互联网与移动互联网的融合,IPv6刚刚兴起时,相关部门就决定在当时的通信标准"IMT-2000"的3GPP中采用IPv6作为基本协议之一。而作为移动通信的重要终端,手机媒

---

❶ 受访者V3,受访时间为2021年5月10日。

体大量使用IPv6,使人们使用的网络发生了巨大的变化,网络变成了一个全球性的基于分组包交换的网络,在这种情况下,无论是从投资还是从运营来说,移动运营商的相关成本都会大大地降低。此外,IPv6还能为移动互联网提供更多的地址资源,这样,移动网络的经营者就能够根据市场的变化采取灵活的应变措施,并可以开发出更多符合市场需求的功能,大大提升移动互联网领域的服务质量。而作为IPv6多次更新换代后出现的IPv12,其在通信领域的优越性更不用说了,在调查中,笔者发现超过三分之一的人都知晓或使用过IPv12。有人从五个方面列举了IPv12的优越性:①IPv12地址真正无限,且不存在浪费;②IPv12地址结构具有天然层次性、完美聚合性,路由器转发(寻址)极其简单;③IPv12地址扩展自由,需要时自然生成,不用时自然消失,且不破坏聚合性;④IPv12移动IP技术比IPv4或IPv6容易太多;⑤IPv12能兼容传统网络IPv4和新网络IPv6。在这种情况下,IPv12所具备的结构及其标准,将能够使全世界的骨干网络满足超大规模的网络结构需求,对自动配置、数据组播、移动计算、网络路由聚类等的支持度更高,在更大程度上保障了数据的完整性及安全性。由此可知,IPv12将会为移动互联网的发展提供坚强的后盾,为包括广大农村在内的移动化阅读的腾飞铺平道路。

4.3.4 移动互联网与文化创意产业联姻为乡村移动化阅读注入新动力

文化是一种软实力,国家高度重视文化的发展,并由此催生了文化创意产业的蓬勃发展。近年来,我国政府将文化创意产业列为重点扶持的产业,全社会也高度关注这一产业,投资商纷纷涌入这一领域。互联网具有天然的多媒体技术优势,由此成为文化产业发展的主阵地。在Web2.0这一具有互动性的网络技术兴起后,专业的文化创意公司和个人,以及广大草根群体,都能够凭借互联网技术在文化创意领域大展身手,并在推出自己的创意作品之后获得相应的经济利益。随着Web 3.0、Web 4.0、Web 5.0及Web 6.0

的兴起,互联网领域(主要体现在微博、微信、网络论坛、网络社区等互联网服务平台之中)在短时间内就聚集了大量的文化创意人员。这些创意人员各有所长——有的是在技艺上、有的是在推广上、有的是在协调各方利益上,他们相互交流和探讨,相互推广和协调,将网络空间变成一个文化创意试验田。他们将一个个理念、一个个概念变成一个个产品,甚至变成一系列产品,然后将这些文创产品推向市场,由此获得巨大的经济利益。需要指出的是,虽然常常是多方联合作战生产文化创意产品,但文化创意产品的投入成本仍然比较巨大,在投入巨资(文化创意产业是公认的"烧钱"的产业)生产后,对之进行市场推广,能不能被消费者认可,由此获得他们期望的商业价值,是一个不确定性的因素,其中存在着这样那样的风险,因而文化创意产业的风险比较大。在移动化阅读兴起之后,借助移动通信技术,将文化创意产品以适合民众体验的形式推出去,让大家对产品进行阅读(视、听),做到图文并茂、视听交融,以此在某些方面降低文化创意产业投资的风险。同时,借助移动化阅读,可以将文化创意产业以垂直的形式发行、销售出去,包括广大乡村民众在内,都容易接受这种产品服务方式,这无疑能为相应的服务商带来巨大的经济利益。值得庆幸的是,在调研中,笔者发现,有近66%的乡村民众都表示喜欢阅读那些具有文化创意的内容。

4.3.5　移动听书为乡村移动化阅读带来一股清流

人类发明了技术,但往往又会被技术所征服,当不用动手动脑,闭目养神就能做某件事情的时候,人们就特别乐意去做。移动听书这一特殊的阅读形式,为人们提供了这样的方便——人们在睡觉、乘坐交通工具、步行、等待等各种生活场景中,只要打开相应的终端,就能开展移动听书活动。如果怕打扰他人,则只需要戴上耳塞就可以了。正因为如此,移动听书在刚刚兴起时,就受到了人们的热烈欢迎。这从移动听书在美国的发展情况便可窥见一二。早在2014年时,美国人最喜爱的媒体圈就已经不再是好莱坞电影和美剧了,悄然崛起的网络节目成为最受欢迎的对象,其中尤以Podcast(播客)最具代表性。据统计,在美国,有声书的年产值高得惊人,在刚刚兴起不久的 2014 年就突破了 700 亿元;得益于移动互联网的迅猛发展,中国有声读物的市场规模也迅速扩大,在萌芽时期(2014 年)时,其营业额就突破了 20 亿元。❶《中国有声读物市场发展态势分析与投资战略调研报告(2023—2030 年)》统计,2022 年中国有声读物行业用户数量约为 4.2 亿,市场规模高达 93.7 亿元。在传统纸质图书阅读量逐渐减少的情况下,有声图书与互联网带来的移动听书,将成为一个具有重大经济价值的挖掘点,其长尾效应尤为明显。可以预测,在不久的将来,越来越多的纸质图书、电子书都会被进行有声化演绎,并由此抢占市场蛋糕。这也是国内音频行业,如喜马拉雅 FM、荔枝 FM 及蜻蜓 FM 铆足了劲向移动听书业挺进的原因。农村的移动听书业的市场也能够做大做强,这是因为村民的闲暇时间虽然少,但是移动听书只要求听,而不要求看,因此在很多场景中都可以进行收听,村民们连通移动听书端口以后,往往都会持续播放,一般都不会在短时间内将其关闭,所以农村移动听书这一特定的移动化阅读形式,必将越来越受欢迎,市场也将越来越大。在调研中,当问到"您对连接网络后进行听书持什么样的态度"这一问题时,有 96.45% 的民众选择了"非常支持"这一选项,这说明移动听书业发展前景较为广阔。

总之,伴随着移动互联网的发展、移动化阅读终端的普及,随着国家对"全民阅读"的进一步重视及资本投入的不断增多,乡村移动化阅读必将迎来井喷。在今天,人们不需要买书,也不需要长途跋涉,只要有需求,就可以随时随地拿出智能手机、iPad、Kindle 等移动化阅读器,打开相应的阅读软件,就可以全身心地进行阅读。而多媒体技术的发展,也为包括广大村民在内的民众的阅读体验提供了强大的技术支持,各种媒介之间的界限越来越模糊,多样化、全方位的传播得以普遍应用,传播平台更为广阔,传播效果更加强大。移动化阅读运营商已经发现了这一点,他们积极利用各种传播技术,全力打造数字化的移动化阅读平台,不断升级转型、进行流程再造、拓展传播终端,实现了跨媒体、跨行业、跨区域的合作,充分整合各类资源,积极延伸产业链,力争找到更有价值的盈利模式,实现产业效益的最大化。在这

❶ 蒋多,杨乔.互联网时代的阅读产业[M].北京:知识产权出版社,2016:163.

种情况下,乡村移动化阅读具有十分广阔的发展前景。当然,任何事物都具有两面性,我国的乡村移动化阅读面临着巨大的发展机遇,发展前景尤为广阔,但也存在着不少问题,有的问题甚至对其生存和发展有着巨大的影响,所以我们也要想办法解决相关的问题。

4.4 当前中国乡村移动化阅读面临的挑战

我国乡村移动化阅读面临着巨大的发展机遇,但也面临着巨大的挑战,可谓机遇与挑战并存。一方面,移动化阅读逐渐取代传统的纸质阅读方式,成为广大村民比较喜爱的阅读形式,相关政府部门及移动化阅读的运营商纷纷为发展乡村移动化阅读铺路,丰富了广大农村地区的阅读内容和阅读体验形式,对倡导"全民阅读"、推进"学习型"社会建设,进而对推动社会主义新农村建设有着极大的价值。另一方面,由于收入、受教育程度等原因,农村民众的移动化阅读素养相对较低,与城市相比信息需求相对匮乏,加之不少移动化阅读服务提供商的信息推送与乡村民众的信息需求存在着错位的情况,因而乡村的移动化阅读面临着一系列需要及时解决的问题。在机遇与挑战并存的形势下,如何借力国家的"全民阅读"政策,全方位地推进乡村的移动化阅读,让"书香"飘逸整个农村,是我国当前要重点思考的问题。总的来说,我国乡村的移动化阅读主要存在着以下几个威胁。

4.4.1 乡村民众的信息素养整体偏低

与城市居民相比,我国乡村民众的信息素养整体较低,他们不善于去发掘和利用信息资源,因此不利于移动化阅读运营商有针对性地进行信息的推送。由于信息利用素养整体不高,因而乡村民众没有形成良好的阅读习惯,阅读需求远远低于城市居民。这主要集中体现在几个方面:一是广大乡村民众的受教育程度普遍较低,文化水平整体不高,加之在移动化阅读的信息利用上存在着数字鸿沟,因而他们的移动化阅读能力普遍较弱,对网络信息尤其是适合农业发展的科技信息的理解能力整体不强。二是信息获取意识不强。在长期的日出而作、日落而息的生产和生活习惯的影响下,很多乡村民众不会主动去利用信息技术对农业生产进行经营和管理,又因为很多科技类图书撰写得比较艰涩,让村民敬而远之,导致将科技转化为生产力的效率极低。三是一些民众认为阅读并没有多大的价值,因而在农闲时宁可聚在一起打牌喝酒、胡侃乱聊,也不愿去学习相关的知识。四是绝大部分乡村民众仍然没有主动对农业、农村的形势进行预判和研究,因而无法甄别移动化阅读信息的优劣,导致在生产、生活中没有得到科学的指导。这充分说明,乡村民众的信息素养整体偏低,影响了对高品位的阅读内容的需求。

上述四个方面,数字鸿沟的影响是很明显的。在华南某村进行调研时,笔者曾因口渴跟一个50岁出头的大哥买梨吃,在付钱时,就支付方式问题对他开展了访谈。

笔者:你从来没有听说过支付宝吗?

受访者V4:没有!

笔者:支付宝就是不用直接给现金,像微信一样,扫一扫就可以用银行卡支付了。

受访者V4:哦,我只用微信。

笔者:那我用微信支付你四个梨子的钱吧?

受访者V4:这个很花流量的。

笔者:没有关系,我多付1元钱,11元钱,你看行吗?

受访者V4:那好! 我打开流量。

笔者:支付成功了,你看清楚啊。

受访者V4:看到了。不过我有一个问题要问你,就是现在我开流量了,我能收到你的钱,那如果我不开流量,你扫我的微信付钱,我能收到那个钱吗?

笔者:能啊,为什么不能? 你看大街上卖东西的,连手机都不用打开,就在摊子上放一个从他微信里面打出来的二维码图片,买他们东西的人扫码支付后,他们就可以收到钱了。

受访者 V4:有点玄乎! 我还认为必须打开手机,打开流量,面对面地扫码支付后才能收到钱。

笔者:不会,我告诉你,这就有点像别人放一个东西在你家里面一样,不管你的门是开着的还是关着的,只要东西放到你家里面去了,你不开门它也在你家里的。

受访者 V4:哦,我懂了。

在农业科技类图书的可读性方面,笔者也进行了调研。在华中某村开展调研时,一个村民的说法让笔者觉得很多服务新农村建设的图书仍不得其要领。

笔者:你种的水稻长势很不错啊,是不是看了种植水稻的书啊?

受访者 V8:没有,我是靠多年的经验来种水稻的。

笔者:为什么不看一些相关的书籍? 它们可能会让你受到启发,种的水稻可能会更好。

受访者 V8:说实话,我之前也考虑学习学习,看看怎么种水稻能够少受病虫害,还看如何耕种能够提升产量,但是我觉得那些书讲得太深奥了,很难理解。在这种情况下,我肯定不会按照他们的说法去种植水稻。因为我看不懂,得不到要领,半懂不懂地去种,我一年的庄稼就可能打水漂,这个代价太大了,不敢去冒险。

笔者:那如果他们配上精美的彩图,一步步地教你们去种,你会去学习吗?

受访者 V8:那肯定会啊,只要他们能够让我弄懂怎么去做,我会根据我几十年的种植经验去学习。现在大家都想庄稼长得好,多挣点钱。只要看得懂,有价值,不光我会去学,其他人也会去学的。

这说明移动化阅读中的技术和知识鸿沟在乡村是实实在在地存在着的。虽然随着网络技术的发展,不少乡村民众也逐渐学会从网上获取信息,但是他们的信息往往是休闲娱乐类的,对农村和农业发展更有利的科技知识远没有占据乡村民众阅读的主导地位。由此可知,我国乡村移动化阅读需要在提升广大村民的信息素养的基础上来展开,按照新型农民的标准对信息素养不高的农民群体展开培训,提高他们的阅读能力。这是当前必须大力推进的工程。农民信息素养不高、存在阅读需求贫困,在很大程度上与他们的阅读困难存在着重要的关系。农民阅读需求贫困是指农民阅读需求的有效性不足,具体是指现实生活中看似服务对象有阅读需求,但在提供阅读资源和服务时,服务对象又不能有效利用,甚至仍不阅读的一种现象。❶广大村民阅读需求贫困体现了他们对农业生产中具有指导性的知识的需求量少之又少,这造成了他们主观上感觉不需要阅读书目,这就出现了阅读认知和农村信息需求的脱节,客观上的信息需求难以驱动广大村民去开展移动化阅读活动。

当然,我们也不能说农村居民都是信息需求贫困的群体,都没有阅读的需要。在当今的中国农村,有一部分民众是有着积极的阅读认知的,他们经常开展阅读活动,也会跟着时代的步伐进入网络空间进行阅读。他们的阅读往往也较为广泛,包括休闲娱乐、政治、经济、科技、文化、军事等。有部分乡村民众虽然阅读的积极性不算高,但他们也会开展有限的阅读活动,但由于自身因素或某些外在因素的影响,没有经常去开展阅读活动。除上述两部分人外,还有一部分人几乎不开展或者从不开展阅读活动,相对来说,这部分人所占的数量是最大的,他们没有阅读方面的意识,因而也就几乎不去阅读。只有很少的阅读需求甚至没有阅读需求的这部分人,可以视为阅读困难群体,农村移动化阅读市场最大的现实困难就是存在着规模较大的阅读困难群体,他们没有阅读兴趣和行为,也就不会有所谓的阅读习惯了。在这种情况下,相关的政府部门和移动化阅读运营商应该加大宣传推广力度,并着力提升广大村民的文化素养和信息素养,使他们逐渐加入移动化阅读大潮中来,尽早实现乡村的振兴。

---

❶ 王虹,岳景艳,杨红岩.农村居民阅读的知与行——基于嫩江流域少数民族地区阅读情况调查[J].中国图书馆学报,2015(5):47-62.

4.4.2 阅读样式设计风格单调致使用户体验性不足

当前,我国移动化阅读App的数量极多,不少App都拥有自身的竞争武器,有的深耕内容、有的巧建平台、有的经营用户。不过总的来说,绝大多数移动化阅读App都不具备鲜明的特征,尤其是在版式设计方面,同质化现象较为严重,很难搭建起满足用户体验需求的阅读场景。这就使得移动化阅读App的互动性差、体验度低,因而用户黏度不足。在新媒体已融入人们生活的各个方面的今天,人们越来越注重信息消费的体验感。没有体验,既不能获取用户,之前拥有的用户也会逐渐失去。很多读者开展移动化阅读,往往是为了能够获得情感、娱乐体验,获得身心健康。信息阅读的界面设计直接关系着读者的体验度,越是设计得好的界面,越能够吸引读者阅读,反之就不会有读者青睐。乡村民众虽然工作繁忙,但他们也有在农闲时进行消遣、娱乐的需求,同时也有对乡村生产和生活知识的需求,如果把相关的种植知识融合到吸引人的植物之中,甚至融入智能的植物生长系统之中,乡村民众岂会有不阅读的道理。在调研中,笔者发现超过半数的村民都对移动化阅读App的界面设计持负面态度。所以,乡村移动化阅读App必须在版式设计上别出心裁,以构建起迷人的阅读场景,提升用户的体验度,使自己从同类产品中脱颖而出。

4.4.3 版权问题成为一道坎

在移动化阅读市场中,无论是内容提供商还是广大读者群体,其版权意识都需要加强,在相对薄弱的版权意识的作用下,移动化阅读中的盗版现象极为猖獗。关于电子书的版权问题,从其一兴起就受到了学者们的重视。在电子书的销量一路高歌猛进的情况下,电子书在2010年的销量就超过了纸质版的图书,伴随而来的则是侵权事件时有发生,学者们也在这时更加重视电子书的版权问题。当前,我国移动化阅读的用户数量与日俱增,包括乡村移动化阅读在内的移动化阅读生态正向良性化的方向发展。虽然国家相关部门早就针对电子书的版权问题发布了相关的规定,但目前的盗版现象仍然经常出现,因而有关各方必须将版权问题作为一个重要问题来解决。其实对运营商来说,移动化阅读中的侵权问题确实有些棘手,因为读者还没有形成付费的习惯,很多内容都处在免费运营阶段,如果实行付费制,很可能丢失数量较大的读者群。此外,就算是读者愿意付费阅读,他们也会在购买少量价格较为昂贵的电子书以后,被大量廉价的盗版电子书所吸引,正规运作的电子书就会成为被抛弃的对象。但无论如何,盗版行为必须制止,因为其不仅损害了作家的利益,还降低了商家的信誉。要规范电子书的运行空间,打击盗版行为,就必须采取以下两种方法:一要根据移动化阅读的实际情况,进一步制定更为有效的法律法规;二要提升有关各方包括读者的法律意识,为包括乡村在内的移动化阅读的版权打造一个相对完整的法律保护体系,让人人都能够尊重知识产权,并自觉保护知识产权。

4.4.4　乡村移动化阅读的市场细分仍未完成

细分在传播学上早已有之,市场细分其实与分众传播类似,都是根据市场情况进行有针对性的传播,而不是把所有人都看成自己的传播对象,眉毛胡子一把抓地去传播。在今天,不懂得分众传播的媒体已经很难立足了,因为把所有人都看成传播对象,不但传播对象不明确,传播的经济和时间成本也比较高,且传播的收效也比较弱。我国乡村移动化阅读已经到了需要考虑各种因素,进行分众传播的时候了。早在2009年,我国的数字出版规模就达到了与传统的纸质出版规模旗鼓相当的水平,当年数字出版的收入就达到了750亿元;《2022—2023中国数字出版产业年度报告》显示,2022年,中国数字出版产业整体收入规模持续增长,总收入达到13586.99亿元。在不断攀升的电子阅读器用户数量和手机用户数量的影响下,移动化阅读的市场得以迅速形成,用户也逐渐转向移动化阅读的领域中来。但就目前来说,尤其是乡村的移动化阅读市场,各区域、各层次(新生代农民与传统农民)的信息需求都存在着这样那样的区别,需要作进一步的细分,要根据不同年龄、不同职业、不同区域的读者提供有针对性的阅读内容,同时还可以根据读者的收入情况设置不同的阅读内容,开发多元化的市场,从而获得较好的经济利益。

　　此外,由于我国的乡村移动化阅读尚处于初期阶段,移动化阅读的技术、业务在乡村都还不够成熟,且较为偏远的地区还受到宽带等因素的制约,使乡村移动化阅读的发展仍存在瓶颈问题。这些都使得乡村的移动化阅读的盈利模式较为单一。相关政府部门和乡村移动化阅读的运营商应该有针对性地开发农村读者市场,不断提升相应的规划和运营能力,促进乡村移动化阅读的腾飞。

本章小结

　　本章较为详细地探讨了乡村移动化阅读的内部优势和劣势、外部机遇与威胁等因素,以期在充分把握乡村移动化阅读现状的基础上为乡村移动化阅读的发展提供相应的策略。本章的研究为接下来的研究做了前期的研判,使接下来的研究更为科学和合理。

5　中国乡村移动化阅读发展的路径

在社会信息化趋势愈演愈烈的今天,乡村要发展,必须有能够促使其发展的信息。只有从根本上改变乡村尤其是西部民族地区乡村的贫穷落后面貌,才能实现国家的现代化。而在实现国家现代化的过程中,大众传播的作用功不可没,这也是发展传播学得以迅速推广的原因。乡村移动化阅读是"全民阅读"的重要组成部分,鼓励广大乡村民众开展移动化阅读,是繁荣乡村文化、发展乡村社会经济的重要举措。正因为如此,在乡村移动化阅读方面,更需要利用发展传播学的理论来予以指导。在今天,发展传播学不仅体现在信息传播的技术、内容方面,还体现在信息传播的场景、信息技术引发的相关产业链的发展,以及相关社会领域的基础设施建设等方面。在对中国乡村移动化阅读发展的路径进行研究之前,首先要弄清楚发展传播学视野下的移动化阅读的相关因素。

作为传播学领域的一个重要理论,发展传播学由勒纳在1958年提出。在《传统社会的消失:中东的现代化》这一著作中,勒纳主张运用现代的和传统的传播技术来促进和加强社会经济、政治和文化的变革。在勒纳的启发下,传播学大师施拉姆敏锐地嗅察到了发展传播学的重要性,并对之进行推广和研究,使传播学真正走出了美国,走向了世界,尤其是走向了大片百废待兴的土地。1964年,施拉姆出版了《大众传播媒介与国家发展:信息对发展中国家的作用》一书,指出有效的信息传播可以对经济社会发展作出贡献,可以加速社会变革的进程,也可以减缓变革中的困难和痛苦。发展中国家在信息传播方面远远落后于发达国家,严重阻碍了发展中国家的经济、政治、文化等社会各个方面的发展,因而消除这种信息不平衡的现象是发展中国家面临的一项艰巨任务。后来,麦奎尔、哈森、英尼斯等一大批学者纷纷加入了发展传播学的研究之中,使发展传播学的光芒更加耀眼。当前,研究发展中国家如何利用传播手段有效地帮助改变贫穷落后的现状,促进社会发展已成为发展传播学最为核心的目标。在今天,有不少学者认为发展传播学已经过时了,其实不然,因为大家都能清楚地看到,南北差距正在被因特网不断拉大,对广大发展中国家来说,利用大众传播来促进经济社会的发展正当其时。作为较有影响力的发展中国家,中国的乡村发展仍然不尽如人意,发展传播学的理论在指导中国乡村发展中的作用尤为巨大。移动化阅读是在移动互联网的基础上诞生的,它能让广大村民随时随地地接受信息,用于指导农业生产和经营,从而实现乡村的振兴,因而移动化阅读十分契合发展传播学的视野。

在这种情况下,中国乡村移动化阅读应该积极利用发展传播学的理论,牢固树立信息扶贫理念,不断使传播的内容得到创新和扩散,使之走向普及;不断构建信息场景,使广大乡村民众积极参与移动化阅读;不断完善乡村移动化阅读的基础设施和产业链,使乡村移动化阅读能够真正促进乡村的振兴。

5.1 中国乡村移动化阅读发展的内容路径

在传播学中,内容和技术始终是人们高度关注的,技术在促进社会变迁中有着巨大的作用;内容是真正的王道,自古至今,内容为王都不会过时,渠道是内容传播的辅助性工具。

"内容为王"是传媒界最为知名的从业理念之一,由维亚康姆公司总裁雷石东提出。在雷石东看来,传媒企业的基石必须而且绝对是内容,内容就是一切!内容为王是伴随着互联网的发展而提出的重要理念,是在互联网技术的发展中一些人对技术盲目崇拜的背景下产生的,它让我们明白,网络媒体要留住用户,建立良好的口碑,必须以内容作为核心抓手。因此,在乡村移动化阅读的经营中,没有优质的内容就等于失去了运营的灵魂,单靠形式上的花架子和极具冲击力的界面,是不足以吸引读者的,在大家都倾力打造阅读界面的今天,哪个从事移动化阅读的公司能够提供满足读者需求的内容,它就能够在移动化阅读的市场上站稳脚跟。对此,生产原创性强、符合广大乡村居民需求的内容,是乡村移动化阅读运营商需要重点努力的方向。也就是说,无论是大众传播媒体的信息传播,还是移动化阅读平台的打造,技术都只是一种加快信息传播速度、让信息传播更加多元化并使信息传播效果更佳的手段,但光有技术不行,社会发展最重要的是技术背后的人的需求和行动。因此,无论什么时候,就信息传播来说,技术只是内容传播的辅助性工具,"内容为王"在今天的信息传播中仍然是核心内涵,做好内容,就能获取受众。当前,国家正着力实施"振兴乡村"战略,乡村的发展可谓日新月异,乡村的信息传播也广受关注。面对乡村传播生态的变迁和村民需求的变化,乡村移动化阅读的运营必须跟上时代的要求,根据村民的需求提供相应的阅读内容,从而让更多的村民加入移动化阅读中来。那么,乡村移动化阅读应该提供哪些内容呢? 总的来说,应该提供以下几个方面的内容。

5.1.1 有利于培养新型职业农民的内容

2017年1月9日,农业部发布《"十三五"全国新型职业农民培育发展规划》。这说明,走新型职业农民的道路,是广大村民走上致富道路的有效法宝。所谓新型职业农民,是指以农业为职业、具有相应的专业技能、收入主要来自农业生产经营并达到相当水平的现代农业从业者。与"传统"农民相比,新型职业农民是一种主动选择的"职业",而"传统"农民则是一种被动烙上的"身份"。新型农民是乡村发展的主力军。正如中南大学的一位教授所言:

在乡村的移动化阅读中,最重要的阅读信息就是那些有利于培养新型职业农民的信息。我国虽然早就提出了培育新型农民的理念,然而目前新型农民的培养效果并不明显。但我们讲社会主义新农村建设、讲乡村振兴,没有新型职业农民是根本无法实现的,因为新型农民在乡村经济社会的发展中起着关键性的作用,他们可以被看成新生代的农民,有知识、懂技术、会经营。新型职业农民的培养效果不理想,在很大程度上来说是与培养的手段密切相关的。目前我国对新型职业农民的培养,主要采取培训、远程技术指导等方式来进行。这样的培养不但形式单一,而且容易脱离农民的文化水平,通常是在拔高农民技术、文化素养的基础之上来展开培训,所以效果不佳也可以理解。有了移动化阅读,新型职业农民的培训就多了一个大舞台,相关部门和商家可以利用大数据等技术,摸清农民的实际文化水平和实际需求,提供让农民喜闻乐见、图文并茂的阅读内容,在种养殖业的每个周期都进行智能化的指导,要不了多少年,农民的知识能力、技术素养和经营理念就会大有提升,乡村振兴就胜利在望。❶

由此可知,要提供有利于培养新型职业农民的内容,乡村移动化阅读的运营者就要下沉到农村,进行实地考察,了解村民需求后做好契合村民需求的选题策划。要做到这一点,乡村移动化阅读的运营者要向《农村百事通》杂志学习,始终坚持“为农民生产生活当参谋,为读者经营致富当顾问”的宗旨,突出让村民“一看就懂、一学就会、一用就灵、一点就通”的特色,积极践行“贴近农业、贴近农村、贴近农民”的原则,为村民提供易懂和实用的信息,用村民的方式讲好“三农”故事,传递好党和政府的对农政策,争当村民的贴心人。此外,在选题策划上,乡村移动化阅读运营商要充分利用乡村这一基层传播组织,积极收集农民的信息需求情况,掌握农民的资讯需求动态,并将之作为选题策划的依据。要做到这些,乡村移动化阅读的运营商必须积极深入田间地头,与村民打成一片,深度融入他们的生活中,深刻感受农民的需求,以朴实的方式传递信息,在国家与村民之间搭建起有效的沟通桥梁,切实为乡村发展贡献力量。而要做到这些,就需要提供能够全面培养新型职业农民的知识,主要是提升农民朋友的思想政治素养、文化和文明修养、民主法治素养、创新创业能力的知识,此外,还要提供能够培养广大农民朋友社会事业心的知识。

第一,着力提供有利于培养广大乡村民众思想道德素养的内容,为广大农村培育一批批讲政治的村民。乡村移动化阅读应该坚守农村的思想重

---

❶ 受访者S6,受访时间为2021年5月15日。

镇,积极为村民提供有中国特色的社会主义理论体系,实现在知识提供中培养广大村民讲政治、讲政策、讲发展的目标,不断提高广大村民朋友的思想觉悟,以此不断提升他们参与社会主义新农村建设的积极性和自觉性。为此,乡村移动化阅读的运营者要紧密围绕"生产发展、生活富裕"这一伟大的目标,积极整合现有的图书室、阅览室、文化活动中心等资源,将其与移动化阅读的内容整合起来,提高乡村公共文化服务的能力,将思想教育融入广大乡村民众的文体活动之中;培养乡村民众热爱农业、崇尚科学、爱国爱家的情怀,在农村形成积极进取的社会风尚;大力提供有利于培养广大乡村民众健康、文明的生活方式的内容,增强村民的环保和卫生意识,实现"乡风文明、村容整洁"的目标,让广大村民在良好的生态中进行生产,形成睦邻友好、互帮互助、团结奋进的社会风尚。

第二,着力提供有利于提升广大乡村民众文化和文明修养的内容,为广大农村培育一批批有文化、讲文明的村民。与城市相比,我国乡村民众的受教育程度和文化素养相对较低,因此乡村移动化阅读的运营者要积极提供有利于启发民智、提升村民文化素养和文明水平的内容。教育是一项基础性的工程,在国家的发展中具有先导性作用,要推动乡村社会的发展,就必须着力提升广大乡村民众的文化素养和文明程度。大众传播具有教育功能,其在文化传承和发展方面具有较大的作用。乡村移动化阅读的各类App,都是典型的新媒体形式,其在信息的传播中能够在一定程度上拓宽乡村民众的知识面、提升他们的文明程度,从而造就一批相对有知识、有文化、讲文明的村民。我国幅员辽阔,华东、华南、华北、华中和西部几大地区的农民,在文化素养方面存在着这样那样的差别,在相对落后的地区,乡村民众的文化素养更是偏低。在这种情况下,乡村移动化阅读应该发挥在正规教育之外的教育补充作用,积极提供有利于提高乡村民众知识水平和文明修养的内容,为培养有文化、讲文明的村民作贡献。

第三,着力提供有利于提升广大乡村民众法治素养的内容,不断提升广大乡村民众的法治意识,使村民成为遵纪守法的新型农民。我国现在正在大力实施"依法治国"战略,乡村移动化阅读的运营者应该把提升乡村民众的法律素养作为己任,将培养、造就遵纪守法的乡村民众看成推进社会主义新农村建设、维护广大农村地区和谐稳定的重要力量,不断提供有利于提升广大乡村民众法治素养的内容,为深入开展广大农村地区的普法教育活动添砖加瓦。需要指出的是,由于乡村民众的知识文化素养整体相对较低,在开展普法教育时,乡村移动化阅读平台应该根据村民的文化素养和法律素养,提供与广大乡村民众的日常生活紧密联系的法律常识,做到让农民懂法、守法,同时还能利用法律维护自身的合法权益。

第四,着力提供有利于提升广大乡村民众创新创业能力的内容,为广大农村培育一批批有技术、会经营的新型村民。科学技术是第一生产力,要实现乡村的振兴,科学技术是必不可少的。乡村移动化阅读的经营者要积极提供有利于提升广大村民的技术水平、创新创业能力的内容,为农民增收致富作贡献。一是提供有利于提升广大乡村民众的技能技术的知识。农村要发展,必须走现代农业生产的道路,而要走现代农业的道路,提升农民的科技素养势在必行。因此,乡村移动化阅读的经营者要积极整合各种资源,倾力为广大乡村民众提供应用型的知识,并联合教育、农业和科技部门,利用自身的网络优势开展农业科技培训活动,不但能为广大乡村民众提供所需要的科技知识,还能为自己在农村的长足发展打下基础。在长期的技能培训中,能够摸索出农民、农村、农业究竟需要什么样的知识,进而能够进行个性化、订单化推送,让广大乡村民众掌握一门以上的技术,实现科技兴村。不过,在对村民的技能培养中,乡村移动化阅读的经营者要通过自己在农村的实践,着力培养一批能够在短时间内掌握和使用某种科技的村民,使他们能够带动其他村民进行学习和生产,成为乡村发展的带头人。乡村移动化阅读的经营者要紧密跟踪科研院所发布的有关乡村振兴的知识,及时把有利于乡村发展的新技术、新成果和新的经营方法传播到广大农村地区,切实为乡村的发展搞好信息扶贫工作;同时,也可以积极地为进城务工的"新生代农民"传授电焊、各种零部件制造等技能,促使广大农村地区的剩余劳动力有顺序、有质量地转移。二是提供有利于提升广大乡村民众的创新创业能力的知识,积极为广大农村地区培养一批会经营的农民朋友。乡村移动化阅读的经营者应该积极提供有利于开拓乡村民众视野、有利于提升乡村民众科技素养、有利于指导乡村民众创业的内容,提高"三农"的自我发展能力,激发农民的创新创业热情,让农民具有更多的发家致富的机会。

第五,提供有利于培养广大乡村民众的事业心的内容。农民朋友有了思想道德素养、有了文化知识、有了法治素养、有了创新创业的能力,还必须拥有干事创业的决心。没有事业心,整天得过且过,终将一事无成。因此,乡村移动化阅读的经营者应该提供励志性的内容,提升广大乡村民众的士气,使他们有一颗干事创业的心,为培养更多的新型农民作出应有的贡献。

5.1.2　有利于展现乡村移动化阅读经营者的文化担当的内容

无论阅读环境发生了什么样的变化,乡村移动化阅读产业始终是一种以内容为纽带的文化产业。文化是软实力,无论是传统的阅读还是新兴的移动化阅读,营造文化氛围,打造文化担当精神,塑造文化品牌,由此提升广大乡村民众的阅读质量和阅读效果,是乡村移动化阅读发展的重要因素。在移动化阅读日益风靡的今天,借助移动互联网技术,乡村移动化阅读的经营者能够将阅读内容以融合的形式(包含文字、图片、音频、视频等)传播出去。在开展阅读活动时,图片、音频、视频等能够为广大乡村民众提供个性化的体验。然而,面对融合化的阅读内容,广大乡村民众往往会停留在"浅阅读"层面,开展的阅读活动往往是浏览式、短暂性的,他们能够在阅读中获得视觉的快慰,但相应的阅读感知通常是稍纵即逝的。经常进行"浅阅读"的读者,其深层次的思维空间通常会被解构,因为他们无暇或者不愿意深入思考所阅读的内容,容易在阅读时养成一种走马观花的习惯,无论是知识水平相对较高的城市精英群体,还是知识水平相对较低的乡村大众,抑或处于二者之间的社会群体,"浅阅读"已经对他们产生了较大的影响,其影响具有普遍性。"浅阅读"已经成为一种文化,但对于社会的发展进步来说,这种文化显得较为肤浅,缺乏担当性。为了改变这种情况,不少文化较为发达的国家都提倡对阅读展开人文性的省察,号召全体民众积极读书,力图使民众在阅读中充分激发自己的思考能力,认为赋予阅读较有创意的构想和人文思考,能够培养民众的想象力,增强国家的竞争力,在促进社会的发展与进步方面具有重大的现实意义。

提供有利于展现文化担当精神的内容,对于文化的发展与繁荣、对于社会的进步有着巨大的价值。我国多次将"全民阅读"写进政府工作报告,致力于打造学习型社会、书香社会。在这种情况下,积极思考、审视移动化阅读技术对包括广大村民在内的读者的价值,致力于提供具有文化担当的内容,摒弃那些庸俗、下流的内容,让读者能够读到更多质量上乘、更符合自身胃口的阅读产品,这不仅是乡村移动化阅读运营商需要积极作为的事情,也是相关政府部门需要积极作为的事情,同时也是当今中国必须全力解决的问题。相关各方既要适应、推进移动化阅读文化积极的一面,也要努力消除其消极的一面。在这种情况下,乡村移动化阅读所传播的内容要以"文化发展"为目的,而不能以迎合某些村民庸俗的需求为方向,要全面分析、充分把握作为一种文化的阅读的社会选择取向,以使阅读不失去其文化本真性。也就是说,乡村移动化阅读的运营商不能因为利益问题就对所推送的内容进行偏离社会需求的选择,不能让广大读者在阅读中醉心于浅层次的体验和狂欢而失去了对知识本身的思考,也不能让读者被视觉和浅层次的情感所羁绊进而失去了将相关的阅读内容进行深度内化的机会。

令人欣慰的是,随着移动技术的成熟、乡村民众素养的提高及移动化阅读运营商社会责任的提升,读者对优质内容的需求量不断增加,移动化阅读运营商也逐渐重视对阅读的内容资源进行深挖,积极展现现代社会的文化担当精神。由于天然具备社交性强、信息量大、传播速度快等一系列的优势,乡村移动化阅读的经营比传统阅读的经营更为容易,更能够展现阅读的社会价值。然而,由于在较长一段时间内,移动化阅读行业几乎皆以经济利益为导向,移动化阅读平台上集聚了大量炒作性、媚俗性、同质化的内容,真正优质的内容、原创性内容极为匮乏,移动化阅读平台的文化担当精神广受质疑。对于整个移动化阅读行业来说,尽管一些噱头能够在短时间之内博取读者的眼球,并获得较多的点击量,然而长远来说,这种目光短浅的行为会对社会的发展与治理造成不小的困难,当然也会让自己逐渐被读者所摒弃。无论是传统时代的精读,还是移动化阅读时代的"刷读",读者的要求都一样,就是不仅要在阅读中获得愉悦,也要在阅读中获得知识,因而知识性与形式的活泼多样性,是移动化阅读经营者在进行内容运营时要重点思考的问题,只注重内容的形式不行,但优质的内容被干巴巴地展现出来,读者也没有阅读兴趣,移动化阅读的运营者必须对阅读内容进行价值提炼,采取多元化的传播方式,将内容传播出去,以此获取更好的传播效果。换句话说,移动化阅读的运营者要将社会发展和读者的需求结合起来,以全新的表达方式把内容传播出去,注重培养读者的情操和品性,不断推动社会文明的发展。只有在内容提供中融合社会取向和读者的需求,体现当代社会发展的文化担当,乡村移动化阅读方能实现读者和经营者的良性互动,方能健康、持续地发展下去。

5.1.3　有利于乡村振兴的应用型内容

改革开放后,尤其是进入 21 世纪以来,我国乡村民众的素养有了很大程度的提高,但整体来说,乡村民众的素养仍然没有发生根本性的变化,而信息技术的发展、新农村建设的推进又对广大乡村民众的知识、文化素养提出了更高的要求。在这种情况下,乡村移动化阅读的运营者应该切实深入广大农村,详细调研乡村对知识、技术的需求情况,真正做到把握农村、了解农民,根据不同地区、不同农民群体(如年龄、性别等)的知识和技能状况,分类推出阅读内容,循序渐进地引导农民学习科学文化知识、技能技术,让广大乡村民众能够学到一技之长,能够利用科学知识武装头脑,能够较为容易地开展农业生产和经营活动。也就是说,乡村移动化阅读的经营者要兼顾农业、农村、农民的普遍性和个性,对不同文化水平的农民朋友进行归类,让新型职业农民和传统的农民都能按照自己的需求找到相关的信息,在有效地传播科技知识的同时提升广大乡村民众的阅读兴趣,让农民朋友从"要我学"向"我要学"转变,使农村不出现科技空白。基于这一点,乡村移动化阅读的经营者在推送内容时,要坚持"贴近生活、贴近群众"及"实用、实效"的原则,推送的信息能够具有吸引力和感召力,并让农民朋友在阅读相关的内容时,自身的生产能力得以不断提升。同时,要不断推送与市场经济相关的内容,让农民学会把握市场运营规律,提升他们驾驭市场经济的能力。此外,乡村移动化阅读的经营者还要提供农业、农村发展规划的信息,提供与农产品生产技术相关的内容,提供农业发展的各种新的动态性的信息,大力激发农业、农村和农民的资源活力,激发农民生产的积极性。其实,乡村移动化阅读的经营者还应该提供能够让进城务工人员适应城市生存技能的知识,使他们在转型发展的过程中少走弯路。这些信息都能够促进农民增收,能够较好地服务农村的发展。

要在乡村移动化阅读中传播有利于农村发展的应用型知识,光有移动化阅读运营商的力量是不够的。它需要相关政府部门的充分加入和积极作为,并在其中起协调和规划作用。政府部门的加入,能够让乡村移动化阅读的运营商摆脱某些不利于推进相关经营活动的因素的影响,并能够获得大量的资源和政策支持。除了政府的力量外,还需要吸引一些致力于乡村发展的组织及志愿者的加入,使乡村移动化阅读能够在各方的协同作战中取得成功,不断提升乡村民众的科技意识、生态意识、竞争意识、法律意识及市场意识,为农村培养一大批有知识、有技能、有创业心和创业能力的新型职业农民。其实,目前很多乡村民众并不是没有事业心,也不是不想创业,关键是没有相关的技术和知识。笔者在对西部某村进行调研时,与一位村民的交谈也印证了这一点。

笔者:你一直待在家里,没有出去打工吗?

受访者V11:之前去过,但是在城里挣不了钱,我们都是下苦力的,在工地上干,花的力气多,但挣的钱少。

笔者:一个月大概能挣多少钱?

受访者V11：我回家四年多了，那个时候的工资不多，就3000多元，有些时候老板认为做得不够好，还扣些工钱，就只能拿2000多元。其实现在在城里打工，工资也不高，我唯一的儿子就在渝北区打工，他现在拿到手的也还是3000多元。

笔者：你不打算再出去了？

受访者V11：不打算了，再说又去不了！你看看（指着躺在床上的老母亲），这有什么办法，没有兄弟姐妹，就我一个孩子，我去打工了，老人家怎么办？以前年轻一点，没有技能，可以凭力气吃饭，现在年纪偏大了，没有人会雇用了。我以前在城里打工的时候，一些年纪跟我现在差不多甚至比我现在年轻的人，由于没有技术，他们都去做棒棒，做棒棒不好找活，经常几个人聚在一起打牌聊天，有些时候半天找不到活路（事情）干，又不想半天没有收入，就打牌赌点小钱，希望能够赢一些。但是打牌的时候经常闹矛盾，因为都挣不了钱，都输不起。他们不管在做什么，一听到有人喊，就特别快地拿着棒棒奔跑过去，生怕丢了生意。

笔者：他们其实可以做些其他事情，闲聊和打牌很耽误时间。

受访者V11：做其他事情？做什么呢？没有文化，又没有一门技术，你说能做什么。我倒是很羡慕那些有技术的人，他们去帮别人砌砖、去搞电焊，一天能挣三四百元，笑得嘴都合不拢。那个张鹏飞（谐音），没有什么技术，就会搞点小装修，在城里搞点水电，和他老婆一起一天能挣上千元，开豪车回来，几个孩子都送到县城去读书，大家都羡慕得不得了。还有那个陆春喜（谐音），有点小技术，在村子东头开了一个砖厂，生意好得很，连镇上、县城砌房子，都跑到他这里来拉砖。我要是有他们的技术，还在家里干等着？早就干上了，估计现在少说都有几十百把万元了。

笔者：没有人到你们这里教你们学习技术吗？

受访者V11：没有，有些时候通知去培训，但是只叫了个把人去，也没有学到什么，据说是太难学了。

笔者：再难学也要学啊，毕竟对你们有好处。

受访者V11:是的,不过人家又没有安排我去学,要我去的话,肯定会认真学的,在城里吃苦,在农村没有钱,不学哪行呀,学了以后开个小厂,或者承包些事情来干,肯定挣钱。

这充分说明,广大乡村民众是希望学到技术的,推送实用性强、具有技术性的知识,一定会大受乡村民众的欢迎。同时,这也从侧面说明我国的新型职业农民培训,在方式和对象上还得认真思考。

总之,乡村移动化阅读的运营者要充分借助政府的力量,吸引相关的组织和人员加入进来,不断为广大乡村民众推送实用性的知识,让广大乡村民众在阅读后能够有效利用相关的知识,提升他们依靠科技进行生产的能力,使他们成为"懂技术、会经营、能管理、有文化、有组织、守纪律"的新型农民,不断启迪乡村民众的智慧,为早日实现乡村振兴和中国梦而努力。

5.1.4 有利于乡村社会治理的内容

中国发展的重点难点都在农村,乡村基层治理也一直是国家关注的重点问题。事实上,对于乡村的社会治理,很多国家都在探索,让村民充分参与乡村的社会治理。要让村民充分参与乡村的社会治理,就要积极推送有利于提升乡村民众基层治理能力的知识。这些知识涉及面比较广,包括政治、市场、文化、乡村规划、乡村卫生、乡村生态等。如果能够让广大乡村民众学到基层治理的知识,乡村的社会治理就能够有效地推进。在今天的中国农村,尤其是偏远的村庄,民众参与乡村社会治理的意识比较薄弱,一些人对乡村的治理漠不关心,更不要说体现在行动上了。在西部某村调研时,笔者发现村民普遍缺乏参与乡村社会治理的意识。在与村民交谈时,他们几乎都对参与乡村社会治理持冷淡态度,其中有位村民的说法较有代表性。

笔者:在村里有大事需要决策的时候,你参与过吗?

受访者V12:大事小事,决策啥呀?那不是有村主任、村支书吗?村"两委"做的事情,我们掺和啥?

笔者：其实村里面的事情，不是村主任和村支书两个人的事情，它们需要全体村民参与，才能得到较好的解决，村里发展的大事，比如修路、灌溉，等等，大家不参与，怎么发展啊？

受访者V12：修路、修渠，那是村领导决定的事情，他们让我们做什么，我们就做什么，让怎么修就怎么修。你说有坏人，我们肯定要跑去抓他的。

这说明乡村民众参与社会治理的意识极为薄弱。然而，村民是乡村社会治理的主体，只有他们积极参与到乡村社会的治理之中，乡村的发展才会获得根本的动力源泉。在这种情况下，乡村移动化阅读应该积极推送有利于促进乡村民众参与乡村社会治理的知识，让乡村民众积极参与到社会治理之中，以促进乡村社会的快速发展。

5.1.5 有利于展现社会主义核心价值观的内容

阅读是一种基于人的特定需求和动机、具有浓厚的人文性质的行为，乡村移动化阅读的经营者应该思考阅读的深层次意义，思考乡村民众的价值取向，以在娱乐内容和社会价值之间寻找到平衡点，从根本上回归阅读的原本意义，使阅读服务于社会发展与进步，服务于人性的解放。在今天，社会主义核心价值观已经被广大民众所接受，包括广大村民在内的民众，都应该将阅读与社会主义核心价值观结合起来，自觉追求高尚的价值观念，构建乡村民众的精神家园，让广大村民在社会主义核心价值观、中国梦的指引下积极投入社会主义新农村的建设中，以促进我国经济社会的快速发展。

5.1.6 提供休闲、娱乐类内容

对于乡村的发展来说，实用型、技能型的知识是最有价值的，也是村民最需要的，因而乡村移动化阅读的经营者应该以提供这方面的知识为主。不过，开展社交、休闲娱乐活动也是乡村民众生活中不可缺少的项目。乡村的公共服务设施尚不够完善，村民休闲、娱乐的空间相对较为狭窄，项目相对较为单一，但乡村民众对休闲娱乐活动的需求日益增加。互联网技术为

人类生活带来的一个重大影响就是改变了人们的生活,使人们能够进入网络空间中开展休闲、娱乐活动,包括广大村民在内的民众都乐于在网络空间中寻找乐趣。乡村移动化阅读的经营者应该紧跟这一趋势,积极为广大乡村民众提供休闲、娱乐类的信息,不过这种信息必须是健康的,能让农民朋友在农忙之余放松生活。乡村民众比较喜欢休闲娱乐类知识,这在笔者的调研中也得到了印证,在华南某地进行调研时,笔者曾与一位村民进行交谈。

笔者:你经常上网吗?

受访者:上啊,每天都上。

笔者:你一般在什么时候上网?

受访者:在中午休息和晚上睡觉前。

笔者:你上网都看些什么东西?

受访者:看抖音。

笔者:有趣吗?

受访者:太有意思了,你不知道,里面有好多特别搞笑的东西,有好多时候,我看了以后,都很难忘记里面的故事,一想起来就想笑。

笔者:关键是,你在经常看抖音以后,能学到什么东西?

受访者:能学到啊,学到好多好听的歌曲,现在我老婆也看,看到搞笑的,笑声比我还大。

这说明,广大乡村民众是很喜欢休闲、娱乐的信息的,但一些村民喜欢看整蛊型的,或者是偏向庸俗的。这就要求乡村移动化阅读的运营商在推送内容时,要做好自律工作,推送那些积极、健康的内容,这不但能够带来娱乐,还能展现乡村文化的风采。

5.2　中国乡村移动化阅读发展的场景路径

在新媒体时代,场景已经成为媒体的一个新的要素。人们常说,在新媒体时代,无社交则无媒体,其实没有场景的社交也是缺乏体验感的,新媒体最成功的地方就是将场景深深地嵌入了民众的信息生产、传播和消费之中,使人们在信息交往中获得了前所未有的现场感,能够全身心地投入信息交往活动之中。在未来的信息生产、传播与消费活动之中,场景将会成为仅次于内容的一个重要因素,且没有植入优秀场景中的内容,其趣味性将会大大地降低,因而其传播效果也将会大打折扣。

5.2.1　场景融合时代的乡村移动化阅读

人类的生产、生活必须在一定的场景中进行,因而场景古已有之,并不是现在才出现的。但是之前的场景是处于现实空间中的,比较单一。在互联时代,人们可以在网络空间中搭建自己所需要的场景,这种场景是数字化的,它存在于赛博空间之中,不但可以单独存在,也可以跟其他的场景融合起来,成为融合化的场景。因此,在人类现代的生活空间中,既有现实的场景,也有数字化的虚拟场景,它们已经成了人类生活的重要组成部分。除此之外,场景还成为一种较为独立的文化价值符号,对人们的生产活动有着潜在的影响。

无论是传统的阅读还是新兴的移动化阅读,都是处于一定的场景中的。戈夫曼认为,场景是任何受到可感知边界某种程度限定的地方,比如客厅、医院、教室、KTV、办公室等,这些场景受到了来自墙壁、幕布等实体物质的隔断,使人们能在同一时空下进行交流与互动。❶梅罗维茨则认为,"地点创造的是现场交往的信息系统,而其他传播渠道创造出许多其他类型的情

---

❶ 濮波. 社会剧场化:全球化时代社会、空间、表演、人的状态[M]. 南京:东南大学出版社,2015:41.

境"❶。梅罗维茨描述的场景更加倾向于虚拟场景,在移动化阅读中,包括广大乡村民众在内的广大民众的身份都是一样的,即他们都是读者,无论在阅读行为方面还是在阅读心理方面,开展移动化阅读活动的人都处于空间与情境、虚拟与现实的融合之中,而不断在现实和虚拟空间切换的读者,其碎片化阅读会造成一个个场景的交替叠加。伴随着移动互联网的普及,各种各样的移动终端及移动产品纷纷出现,包括阅读行为在内的各种活动,都与互联网发生了越来越密切的联系,今天最常见的现象就是上网阅读信息,移动化阅读逐渐从城市走向了农村,走入了大众的日常生活。比达咨询(BigData-Research)发布的《2023年度中国移动阅读市场研究报告》显示,2023年国内移动阅读用户阅读时间段主要集中于8~9点、13~14点、18~19点及21~22点;移动阅读用户使用频率较高,超4成用户每天多次在线阅读,26.1%的用户平均每天有1次的在线阅读。很多研究都表明,用户的阅读时间是呈碎片化的,人们在上班途中、在就餐尤其是午餐时、在午休时、在晚上睡觉前、在上厕所时等场景之中,由于时间的分散性,人们的阅读场景也趋于碎片化,并体现出随身化、私人化和间断化等特征。其实在上述一些场景中,如午休、晚上睡觉前等,人们也会进行传统的阅读活动,但在移动互联时代,人们在这些场景中的阅读时间更长,阅读的人数更多。而移动互联中的各种新媒体则积极开发相应的内容,通过算法等手段,对广大用户进行不间断、有针对性的信息推送活动。在这种情况下,移动媒体不仅占据了传统媒体时期标准配置的场景,还能够随时地切入众多的转场场景之中。其实不少的转场场景在传统媒体时期就已经存在了,它们在各个场景之中起着纽带性作用,只不过在传统媒体时期,由于信息传播不像今天一样能够瞬间突破时间和空间的限制,因此没有受到足够的重视。在移动媒体使用日益广泛和深入的今天,时空对信息传播的限制已经降到很低的程度,转场场景受到了极大的重视,其应用已成为新媒体时代的主流趋势。在今天的移动化阅读场景中,各种移动终端不断出现,智能手机虽然占据主要地位,但平板

---

❶ 约书亚·梅罗维茨.消失的地域:电子媒介对社会行为的影响[M].肖志军,译.北京:清华大学出版社,2002:21.

电脑、手表、眼镜及其他一系列可穿戴设备也在抢占移动化阅读的市场,收割了不少流量,改变了智能手机作为单一信息接收的移动设备的趋势。在多屏共存、场景可以叠加和融合的情况下,移动化阅读的用户可以选择单一的"屏"来接收信息,也可以选择同时使用多个"屏"来接收信息,感受不一样的服务和体验,场景融合在移动化阅读中占据着重要的位置,成为移动互联时代场景发展的一种必然趋势。在这种情况下,移动化阅读中的读者的身份随着场景的变化而不断被重构和消解,读者也很喜欢在这样的场景中徜徉和体验,这就为乡村移动化阅读的发展注入一股清流。

实际上,在今天的移动互联空间之中,能够融合的远远不只是场景,各种移动终端、移动应用、移动操作系统也走上了融合的道路,场景、终端、应用和系统相互融合。就系统来说,早在 2015 年,微软就生产出了 Windows 10 这一融合系统,这种系统不仅可以在电脑和手机上使用,也可以在 Holo-Lens、全息眼镜及 Xbox 主机上使用,随着技术的进一步发展,融合系统已经广泛地使用到了 AR、物联网及区块链等领域,为这些领域的发展提供了强大的技术支撑,为移动互联用户的跨平台、跨"屏"操作提供了方便。就移动终端来说,正印证了麦克卢汉的"媒介即人的延伸"这一著名论断,移动设备逐渐走上了与人体相结合的道路,移动终端成为人类感知、触摸外在环境的"肢体",成为人类与外界环境对话的有效途径,就人体本身来说,移动设备也对其进行了延伸,成为人类内在化的身体表达方式,使每个人都能更为有效地与自己进行对话。移动终端不仅延伸了人的各种感觉器官,还延伸了场景,让人们在网络空间的信息交往活动产生"在场感"。就应用方面来说,由于用户分散在各个阶层、各个群体和各个空间之中,对用户进行定位和个性化信息推送就显得尤为必要,借助各种应用软件的融合所带来的便利性,移动媒体中用户的跨平台操作显得更为容易。对场景来说,融合是最为显著的,也是人类最需要的。借助各种终端、系统和应用,人们能够把线上的场景与线下的场景融合起来,能够让用户在不同的时空中接收自己所需要的信息,也能够让用户尽情地开展情感体验活动。就移动化阅读来说,要在移动化阅读活动与场景切换之间寻求到一个平衡点,就需要提升为移动化阅读用户服务的能力,并构建适合的移动化阅读场景,当然这需要对移动化阅读的用户进行画像,以便用户在进行信息生产、传播和交流活动时具有较强的体验感,留住更多的用户,并让留下来的用户在移动化阅读场景中逗留更长的时间,进而创造更多的价值。从这一点可以看出,乡村移动化阅读可以通过乡村移动化阅读场景的生产,通过包括乡村阅读用户、内容资源等一系列资源的变现来实现盈利,这就是所谓的互联网思维、场景思维,乡村移动化阅读的运营商通过构筑场景,让广大村民参与到移动化阅读的价值共创之中。

5.2.2 场景在乡村移动化阅读中的价值

在传统媒体时期,人们阅读的场景是固定的,即通常所说的"一桌一椅一壶茶"。不过,这个时候的场景一般是比较完整的,读者与场景之间往往存在着对应关系。这一情况在Web1.0时代,仍然没有得到改变。而在移动互联时代,人的阅读走入了互联网空间之中,与互联网相互对接,从传统媒体时期的读者变成了用户,这种转变并不只是概念的转变,它也使阅读的生态、阅读提供商和用户之间的角色等发生了巨大的变化,这就使读者在移动化阅读的生态链上的主体性得到了呈现,移动化阅读服务的经营者从信息的传播者、控制者转变成了服务的提供者。阅读场景的碎片化特征极为明显,但它们却在包括广大村民在内的读者的阅读活动中起着难以估量的作用,最为明显的就是为接触和使用体验感极强的移动化阅读产品提供了更为广阔的空间,为移动化阅读的资源整合和传播提供了更多的可能性,也能从侧面勾勒出包括乡村民众在内的广大读者群体的社交关系及社会生活的情景。具体来说,场景在乡村的移动化阅读中主要有以下几个重大的意义。

第一,场景是乡村移动化阅读的用户进行阅读的入口和停留空间。在今天,针对人们的种种特殊需求,各式各样的场景应运而生。如在人们普遍感到打车较为困难时,滴滴打车就搭建了相应的打车场景,以此获得市场运营空间;由于学习或工作之余感觉孤独,需要与他人进行社交,但和熟人聊天又不能消除自身的苦闷,陌陌就搭建了相应的社交场景;单身人士想结束单身生活,自己所熟悉的人群中又没有合适的对象,想通过网络找寻意中人,各种婚恋网站如百合网等就乘机搭建场景……与上述众多网络公司搭建场景的出发点一样,移动化阅读的运营公司基于用户便携式、碎片化等阅读需求,搭建了移动化阅读场景。在移动化阅读场景中,用户可以开展各种各样的阅读活动,它相当于用户进行阅读的大门和停留空间,能够阻隔外在环境的干扰,不管是精读还是随便浏览,移动化阅读场景都能够在瞬间满足用户的阅读需求。无论是现实社会中的场景,还是虚拟空间中特别设计的场景,在进入其中后,用户都能够有所体验,这就是场景存在的重要价值所在。在移动化阅读中,用户在自身需求的驱动下去寻找适配的阅读场景,就可以开展相应的阅读活动。需要指出的是,在移动化阅读中,场景中的各种信息产品都具有使用价值,它们除能够满足用户的特殊需求外,还能在广大读者群中起到连接的作用。连接是信息传播中的重要环节,没有连接,商家、信息产品与用户(传统媒体时期称为受众)就不会产生联系,信息的传播和交流也就无法进行,因而移动化阅读中的场景起着连接产品与消费者的介质作用。正因为如此,处于移动化阅读场景中的用户很容易找到与自己所需的信息产品的连接点,这在很大程度上改变了传统时期用户与企业之间信息对接的方式。知乎以多种传播形态融合的方式传播信息,让用户在信息传播的过程中进行分享与互动,使穿梭于各种移动化阅读场景中的用户能够各取所需、各自对场景进行体验。可以说,没有场景,知乎就很难取得成功,因为它们致力于在最短的时间内给用户提供最大价值的消费体验,将信息附在场景之中,让用户获取信息时唾手可得,而这只有在场景时代才能做到。在知乎场景中,人们不仅能够轻易获取自己所需的信息,还可以依靠场景全景式地观察到其他用户的阅读和分享情况。用户在好友推荐、排行榜、读书笔记等消费信息的指引下打开一个个的阅读场景,这些消费信息成为用户体验场景的入口。在移动化阅读场景中,用户定位是一个极其重要的场景要素,它能够根据用户所在的位置提供有针对性的服务,同时用户也能够在打开相应的 App 之后看到自己身边的各种信息,如天气情况、招聘信息、美食等。在这种情况下,相关的公司不仅能够大大地提升场景的利用率,还能够将与用户需求相关的一系列信息作为"诱饵",增大用户入口的流量。所以说,移动化阅读场景已成为移动化阅读的用户进行阅读的大门和停留空间,在移动化阅读领域,场景是连接用户、产品、平台及相关服务的纽带,是移动化阅读得以运作的纽带,成为传统阅读和移动化阅读融合发展的关键性节点。为使广大乡村民众高度嵌入移动化阅读的场景之中,乡村移动化阅读的经营者必须设计适合乡村民众阅读的场景,以不断扩大乡村移动化阅读的市场。

第二,场景在乡村移动化阅读中具有集聚粉丝和影响信息产品生产的作用。人类很早就有了人际交往的系统,它由语言、表情、动作及其他非语言符号的表达构成,只不过这种交往系统较为原始和简单。同时,人际交往系统并不是始终如一的,随着社会的发展进步,人类的交往系统得以不断完善。在互联网技术快速发展和普及的今天,人们之间的连接能够超越时空的界限,在社会关系方面出现了强弱之分(强关系、弱关系),由此形成各种社会群体,即所谓的社群。社群主要由强关系促成,成员因有共同的文化观念或者相同的旨趣而聚集起来,相互之间的黏度较高,且对社群都有较高的忠诚度。在场景方面,每个社群都有独特的场景设置。在乡村的移动化阅读中,社群成为维系广大村民与移动化阅读运营者之间的桥梁和纽带,广大村民在对相关的内容进行阅读时,能够产生情感共鸣,并形成某种文化价值,这会反过来增强广大村民和移动化阅读运营者之间的关系。在移动化阅读生态中,用户与作者、用户之间及作者之间的关系都因为有场景的存在而得以强化,这往往会促使很多有价值、有可读性的作品的产生。当然,移动终端为其提供信息接收的媒体服务,也在其中获得了大量的流量。通过设计优秀的社交场景,那些相对优质的作品能够吸引众多的用户,并将它们作为资源积累下来,用户之间、用户与作者之间的交流互动可以增加用户对作品的情感,甚至对作者的创作产生较大的影响。乡村移动化阅读的运营还可以采取众筹的形式,让读者参与阅读平台建设的资金筹措,请他们对场景的设计和作品的选题提意见,并根据他们出资的多少提供相应的服务,如免费阅读作品,以他们为角色撰写文学作品等。乡村移动化阅读的经营者可以抽出一部分众筹资金作为平台的运作经费,其他的资金则全部投入作品的创作中,鼓励大众参与作品创造,并让原创作品的作者予以授权,让广大读者能够对作品进行再次创造,以此形成一个庞大的社群,并依托平台中的各种IP拓展阅读信息的生产和传播的产业链。无论是通过自己投资,还是通过众筹,乡村移动化阅读平台一旦建立起来,就需要进行设计阅读场景,让相关的各方尤其是作者群和用户群在开放的内容生产系统中进行价值共创和共享,这种方法不但能够提升平台的内容质量,还能够加深用户、作者对平台和产品的情感,增强平台的黏度。

在这方面,《厘米学院》的运作值得借鉴。腾讯携手数家企业,共同出版了国内社交IP作品——《厘米学院》,该作品的创造,就是基于用户与作者之间的交流,让作者了解用户的需求和偏好,以此对作品中的故事背景、人物角色及结局走向等进行有针对性的设计,这种做法使IP在读者群体中有着持久而巨大的影响力,在拥有大量的读者后,《厘米学院》在流量变现方面取得了较大的成功。由此可知,乡村移动化阅读可以针对广大乡村民众的需求情况,设计具有社交性的场景,让相关各方相互协作,生产出具有阅读价值的作品,以此集聚大量的粉丝和其他资源,让用户以社群的形式和标准来选择作品,参与创造作品,全身心地投入乡村移动化阅读场景中来,在实现自身价值的同时获得情感体验,由此与移动化阅读平台建立牢固的连接关系,并对移动化阅读平台产生巨大而持久的忠诚度,让广大村民充分参与移动化阅读平台的运营,产生共生场景,促进乡村移动化阅读的快速发展。

第三,场景能够加强体验感,让用户能够在融合化的场景中进行"深度阅读"。在人类应用到的场景中,现实场景之间、虚拟场景之间及现实场景与虚拟场景之间往往是相互交融的。在移动化阅读中,现实场景不是可有可无的,它是移动化阅读生态的一个重要组成部分,它也包含着时间和场地两个部分,通过与现实场景的结合,移动化阅读能够让内容呈现出其适时的形态。虚拟场景是由虚拟空间构成的,其不受时空的限制,在移动化阅读中起着连接作用,是用户进入移动化阅读空间的一个入口。伴随着移动化阅读生态的变迁和市场经济的发展,用户成为移动化阅读场景的中心,他们在选择阅读作品时,不仅思考其阅读需求是否得以满足,也把场景的体验感作为一个重要的因素。在大数据技术的助推下,移动化阅读的经营者能够对广大读者群体进行画像,从而掌握用户的偏好信息(阅读喜好和习惯)、行为信息(社交、检索、笔记等)、设备信息(接收终端类型、操作系统的类型等)、属性信息(性别、年龄、区域、受教育程度等及场景信息(如场景体验的兴趣点)等信息状况,根据相关的画像进行产品设计和开发,并在产品的更新换代和销售等各个环节采取有效的处理办法。这样一来,乡村移动化阅读的运营商就可以用精美的场景设计来满足用户的阅读需求,引导用户的阅读行为,并在精准定位目标用户的基础上提供个性化的服务,让用户能够开展"深度阅读"活动。用户之所以会使用场景,是因为场景能够满足用户的阅读体验,场景对用户的产品消费选择有着巨大的影响。在不同的阅读场景中,用户在内容、功能和心理等方面的需求会不尽一致甚至大相径庭,就算是同一个用户,其在交通工具和卧室等不同场景中的信息需求往往存在着这样那样的差异。因而乡村的移动化阅读需要将不同的场景有效地融合起来,要结合场景变化来推送信息,以此不断优化用户的体验,提升阅读产品在乡村市场的竞争力。

在今天的技术生态下,想要将场景进行融合是比较容易的,因为人类对虚拟技术和现实技术的掌握都达到了全新的高度,综合使用虚拟技术和现实技术,能够让现实场景和虚拟场景产生无缝融合。各种各样的技术让广大乡村民众在移动化阅读的场景中具有强烈的现场感,因为在移动化阅读场景中,立体化的视觉呈现让信息变得具象化,用户可以在阅读中获得更多的感官刺激,集视、听、触觉于一体,能够进行"深度阅读",具有沉浸式的阅读体验。在这种情况下,乡村移动化阅读发生了从运营商只管为读者推送信息、读者被动接受信息到运营商全力为用户提供阅读服务、用户全身心地进行阅读体验的转变。

第四,场景能够对乡村移动化阅读中的各要素进行充分的整合。在传统的阅读中,人们把图书进行编辑、印刷后,就可以发行了。在推向市场后,读者可以根据自身的需求考量是否购买图书。在移动化阅读时代,只需要对图书进行编辑,就可以将其推送到公众的眼前,由此也顺带完成了传统阅读时期的印刷和发行环节。在移动化阅读时代,除用户、作者和运营商这些较为重要的因素外,移动终端、大数据技术、传感器、社交媒体及定位系统等也显得极为重要,出现了以产品打造场景、以终端来延伸感知、以技术来为用户画像、以渠道来促成分享、以服务来扩展连接的情况。

一是以产品打造场景。在今天,一个产品就是一个较为完整的场景——当某个阅读产品成为读者生活场景中的必需品时,人们会毫不犹豫地对之进行阅读,这个产品就构成了一个消费场景。如在现在的阅读 App 中,针对用户碎片化的阅读和惰性等情况,搭建了相应的共读场景,让用户在规定的时间内(一般是一个星期)共读一本书,让用户进行自由组队,每日进行打卡,并在阅读中开展情感分享活动,在用户完成规定的阅读内容后,可以对他们进行奖励,如升级等,以期通过这种方法培养用户良好的阅读习惯,消除用户的阅读惰性。在共读场景中,用户完成了与单个人阅读完全不一样的场景体验。这样一来,通过阅读产品打造一个个的阅读场景,使产品与场景形成不可分割的关系,实现产品与场景的交融,使阅读产品不断更新换代。二是以终端来延伸感知。媒介即人的延伸,这在移动化阅读时代体现得尤为明显,各种各样的移动化阅读终端逐渐与人体结合起来,终端已经不再仅仅是阅读的载体,它们成了人体感官的延伸。依靠各种移动化阅读终端,包括广大乡村民众在内的读者能够随时随地地阅读自己所需要的内容,从传统的相对固定化的阅读空间中解放出来。在移动化阅读终端的作用下,碎片化、拟态化、移动化、个性化、情感化的阅读场景随处可见。在乡村的移动化阅读中,通过终端,运营者能够记录用户的阅读行为,了解用户的阅读偏好,由此对用户进行较为精准的画像。除此之外,移动化阅读终端还有一个巨大的作用,那就是可以感知多维度的现实环境,如画面、声音、用户所处位置、距离、天气等,再通过算法计算和优化,改善终端用户的感知。❶三是以技术来为用户画像。技术能够探知广大读者的个性需求,能够

---

❶ 段淳林,闫济民.移动场景化:"互联网+"时代数字出版发展的新变革[J].中国出版,2016(5):54-56.

模拟出与现实场景极为贴近的虚拟场景,甚至创造出比真实场景更具真实感的场景。我们今天随处可见的将现实场景和虚拟场景叠加起来的场景,以及各种通过融合处理而形成的融合场景就是明证。在各种跨场景组合的空间中,通过各种特效,使用户产生了在现实阅读场景中根本无法体验到的快乐感,因而吸引了众多的用户进行阅读体验。而用户的阅读体验信息被移动化阅读平台巧妙地搜集起来,以此为用户进行精准的画像,再结合算法等技术将用户的需求进行细分,为下一步的场景搭建提供更为有价值的信息,从而打造出更为个性化的场景。如"知识树"这个影响力较大的阅读平台,因为具有智能性,能够根据特定的关键词及特定的主题自动生成符合其场景特征的信息,不仅大大提升了信息的生产和传播效率,且在用户定位和信息质量方面也能够进行较好的控制。四是以渠道来促成分享。在传统阅读时期,阅读内容的传播渠道是较为单一的。而在移动化阅读时代,相关的运营者能够采取多元化的传播方式把内容传播出去。在社交媒体的支持下,移动化阅读的用户与用户之间、用户与作者之间的联系更为密切,分享成为一个突出的亮点,人们能够随时对相关的内容进行点赞、转发和评论,使移动化阅读场景中的社交尤为频繁。在移动化阅读场景中,用户的分享是全方位的,包括内容、情感及场景等各个方面的体验。在全方位的分享和信息交流中,信息的传播渠道得以不断地扩张。因而,在存在着强关系的群体中,阅读内容和阅读场景能够形成病毒式的传播效应。五是以服务来扩展连接。在今天,做服务就是做连接。乡村移动化阅读的运营商必须把与移动化阅读相关的各种因素有效地连接起来,利用大数据技术所具有的画像功能,精准测量各相关要素的即时需求,快速推出相关的服务和连接通道,让各要素及时协调运转起来,为用户提供动态性、开放式和全景式的服务生态。

综上所述,在移动化阅读时代,商家为广大读者群体打造了各式各样的场景,在技术、渠道、终端、产品和连接等众多因素的作用下,包括广大村民在内的读者能够在移动化阅读中拥有私人的场景管家,每个移动化阅读平台都为读者配备了适合的场景管家,跟踪和管理用户的阅读行为。各种各样的阅读资源能够被这种所谓的私人场景管家所整合,根据用户的画像情况有针对性地推出相应的信息。在场景的作用下,阅读产品能够与用户的需求实现及时配对,用户能够随时获取自己所需要的产品,并在阅读中进行情感体验和分享。

5.2.3 乡村移动化阅读发展场景模式

5.2.3.1 走全媒体阅读的路子

在今天的阅读市场中,单纯的文字或者图文结合的阅读模式比较单调,阅读起来比较枯燥,很难长时间吸引读者的注意。在这种情况下,移动化阅读日益占据阅读的市场。移动化阅读能够综合采用文字、图片、音频、视频等传播模式,将内容进行融合性、多元化表达。伴随着媒体融合和全媒体技术的发展,移动化阅读逐渐走上了全媒体阅读的道路,移动听书、移动化阅读、移动动漫、移动音乐和移动游戏等迅速崛起,人们能够在同一时间内把多种媒体形态的产品内容分发至各渠道,打造了全媒体信息发布和阅读系统。在全媒体平台上,相关的阅读内容能够被转化成多种形态,24小时不间断、立体化地传播。这种阅读方式要求移动化阅读的运营商在选题和内容推送上具有全媒体思维,针对各种媒体的具体特征将生产的内容分发至各媒体,真正生产和传播全媒体阅读产品。就乡村移动化阅读平台来说,全媒体阅读能让用户在不同的平台上、不同的渠道中展开阅读和互动,相关的阅读内容能够被迅速扩展,用户规模将会不断扩大,因而相应的阅读内容,尤其是优质的内容,能够在更大的范围内产生影响。同时,同样的阅读内容,通过不同的形态在不同的媒体上进行传播,能够让乡村移动化阅读实现更为全面的增值。此外,不同类型的媒体,其阅读的场景是不一样的,由于场景在包括乡村移动化阅读在内的所有阅读中不只具有连接作用和信息环境展现作用,它还含有众多的价值和情感,因而在移动化阅读中打造全媒体阅读平台,就可以在渠道、内容、场景和读者之间实现优势互补,增加广大乡村读者对移动化阅读平台的情感,故而能够更好地利用现有的阅读资源实现大面积的市场覆盖,从中获取巨大的经济利益。

5.2.3.2　试水付费阅读模式

知识付费是新媒体运营中的一个极为热门的话题。在美国等发达国家,早就开始了付费阅读模式。我国的付费阅读开始得比较晚,2016年才开始较大范围的试运行,2016年由此被称为"知识付费的元年"。现在付费阅读模式还处在探索阶段,在付费的模式、付费的体系及读者市场等方面还需要进一步完善。但随着社会的发展,互联网环境的日益成熟,"互联网上的即免费的"这一观念正在慢慢被打破,网络付费阅读模式开始被不少用户接受。例如,"百度"App、"知乎"Live、"分答"等网络付费阅读产品广受用户追捧;微博打赏、微信打赏等自主付费的阅读方式也为自媒体盈利开辟了新途径,正在成为互联网领域的新现象;一些媒体机构也希望打破网络新闻长期免费的格局,从而建立起一种新的付费阅读模式。如果付费阅读成为一种常见的现象,能够激活阅读市场的经济活力,因为付费阅读能够使读者的知识储备得以不断更新、使阅读中的互动性不断增强、使读者的爱好能够得到更为全面的表达,进而吸引读者开展更多的付费阅读活动,以此不断延伸阅读的价值,促进阅读经济的发展。在知识经济时代,付费涉及移动出版、移动化阅读等在内的多个领域,在付费阅读中,相关的运营方将阅读内容进行精心的包装,使其成为标准化的付费产品和服务。在网络阅读兴起之初,运营商提供免费阅读,其目的在于集聚大量的读者以集聚大量的流量,依靠流量实现变现。由于当时的场景未引起重视或者场景搭建相对简单,移动化阅读未能吸引优质用户,只能通过免费的形式吸引普通用户。而在场景已经风靡的今天,在移动化阅读中进行场景设计和包装已经成为潮流。

当今的付费阅读主要分为咨询付费服务和平台包揽两种模式。第一种模式如知乎等,其运作方式是让精通某一领域的用户在主要页面上设置问答的金额,那些对相关领域抱有较大兴趣的用户就会支付费用,试图在支付费用后得到满足自己需求的答案,运营商则会从支付的费用中抽取提成。第二种模式也比较常见,运营商直接向用户收取费用,一般是让用户试读一部分内容后进行付费,再把剩余的内容展现出来,当然现在也有不少运营商要求用户先付费后才能开展阅读活动,不存在试读这一说法。无论是哪一种付费模式,移动化阅读的运营商都能够有效控制阅读的内容和服务,从中获取经济利益。为了使自己获得更多的利益,他们会根据用户的需求情况提供有针对性的内容,如他们向用户展现电子书,是对传统图书进行扫描后才能做到的,因此他们可以收取一定的费用,而如果让用户能够把自己所需要的内容拷贝粘贴下来,则又会收取更多的增值服务费。再如知乎等问答时,往往有一大群人进行围观,如果他们对问题感兴趣,也可以通过支付一定的费用给答主或者提问者的方式,获取问题的答案。运营商直接收取费用和从问答费用中抽取提成,都属于横向付费的情况。对移动化阅读来说,还存在纵向化的收费模式,主要包括时间和内容两种模式。如亚马逊等平台为了更有针对性地为用户提供服务,可以让用户选择阅读时间,在用户选择的时间之内提供相应的阅读内容,用户可以采取按年或者按月的形式来支付费用。还有如蜗牛等阅读平台在时间付费上的运营也比较成功,它们让用户每日免费阅读一个小时,超过免费阅读的时间区间,用户进行阅读就需要支付费用,当然这个费用是自动产生的。从时间这一纵向的付费模式来说,用户在阅读中的消费目标十分明显,同时他们也能够节约大量的时间成本。就内容这种付费阅读来说,不管选择什么样的内容,不管在什么时间展开阅读,都需要支付费用。移动化阅读尤其是乡村移动化阅读增设了付费门槛,就意味着其必须提供优质的阅读资源,能让用户获得更加有趣的体验感,打造自身的口碑效应,当某个移动化阅读平台或作者拥有大量的粉丝之后,能够吸引更多的人对相关的内容进行付费阅读。随着付费阅读市场的不断成熟,付费的模式将会不断增多,近年来兴起的转载付费、打赏费等就是明证。

5.2.3.3 在移动化阅读中试行区块链模式

区块链这一说法已有十余年的历史。2008年的时候,中本聪首次使用区块链这一概念,短时间之内就使这一概念风靡全球。区块链有广义和狭义之分。从广义上来说,区块链是指以区块结构存储数据、多方维护、使用密码学技术保证传输和访问的实现数据存储的技术体系;从狭义上来说,对于具体的产品本身而言,区块链是以区块连接而成的链式数据存储方式。❶在信息安全形势越来越严峻、信息安全问题越来越重要的今天,移动化阅读与区块链联姻,必将在包括乡村移动化阅读在内的阅读市场上掀起巨大波澜。如果人们将区块链技术应用到移动化阅读中,就能够充分利用区块链去中心化的特点,在移动化阅读行业中制定相关的契约,以此来确保交易(区块)的公开性和透明度。而这将有利于保护所有阅读信息的安全,因为区块链能够将包括广大村民在内的读者在阅读中留下的痕迹以记账的形式记录下来,并存储于后台数据库中,相关的部门可以根据信息的安全情况进行处理。同时,在移动化阅读中,用户及相关的运营商皆会被拉入产品价值交换的链条之中,形成一种P2P的交互模式,处于移动化阅读平台上的人们都能够知晓区块链上的任何一次交易,且每次交易都需要与平台上的人员达成共识。此外,借助区块链技术,移动化阅读平台将能够通过交易验证系统来确保每次交易的合法性,故而在法律上具有足够的运作空间。当前,美国等发达国家对区块链的应用已比较成熟,主要体现在对知识产权类区块链的开发利用方面,在该类区块链中,用户、内容提供商、终端提供商及平台运营商等皆被纳入区块链之中。在已经建立的区块链上,阅读内容仅仅会在用户、平台运营商及内容供应商之间流动。需要指出的是,内容仅在这几方之间流动,并不意味着不能创造价值,事实上,内容的每次流动,都伴随着以货币流通为主要表现形式的价值转移的情况,各方之间的每一次交易,都会被区块链记录在案,记录的内容包括使用的信息、使用的时间及版权所属关系等,经由账簿记录的信息,对区块链内部的各方是公开的,但对外界来说是高度保密的,因而知识产权能够得到严格的保护。

正因为如此,我们应该在移动化阅读中试行区块链模式,将作者提供的内容以专利的形式保存在区块链之中,使其受到行业契约的保护。将产品

---

❶ 鲸准研究院. 2018中国区块链行业分析报告[EB/OL]. (2021-05-04)[2023-06-01]. http://m. shujuju.cn/report/3972.html.

的价值以资产的形式留存下来,并注重使用统一的货币来进行交易。随着区块链技术在乡村移动化阅读平台中应用的铺开,乡村移动化阅读的运营商将能够节约更多的成本,同时也保证了整个移动化阅读平台中的信息的生产、交易和传播的安全,这必将大大颠覆传统的阅读模式,且大大地颠覆现有的移动化阅读的盈利模式。

5.2.3.4 在乡村移动化阅读市场中建立场景分享模式

随着物联网的普及,万物互联的趋势进一步加剧,人们迎来了一个终端互联、场景互通的时代。就乡村移动化阅读来说,用户可以单独使用某个"屏"来接收信息,也可以同时使用多个"屏"来接收信息,不过这些信息接收方式使信息消费场景呈现出分割的态势。而我们今天尤为重视场景融合,以为人们提供尤为全面和深入的体验。要实现场景的有效融合,就需要在单屏(又称分屏)场景和多屏场景的切换中加强用户的中心地位。在传统的阅读中,阅读对象的价值转换的重要方式是版权这一重要因素,版权成了创作、出版和阅读等各个环节赖以存在的基石,而传统的阅读行业也往往把图书、期刊的出版、发行作为最大的目标。到了移动化阅读时代,作者、平台运营商、终端提供商及用户等被巨大的阅读场景所席卷,阅读的商业模式发生了翻天覆地的变化,作者、平台运营商、终端提供商等都围绕用户来运营,用户在移动化阅读场景中的点赞、转发及评论、交谈等活动,能够促成一系列的分享模式。这些分享模式会对移动化阅读带来渠道分流的功效,使阅读内容的版权在相关的阅读活动中得到保护,并以此为基础不断扩大用户规模。在这种情况下,移动化阅读平台能够实现信息的多渠道传播,并能为用户提供预读体验,将更多的用户的注意力集中过来。正因为如此,乡村移动化阅读应该积极建立阅读场景分享模式,实现在交互性的阅读中促成流量的变现。分享能够提升场景的利用率,在对场景的分享中,乡村移动化阅读平台能够将具有类似消费目标的潜在用户群体变为自己的目标用户群体。这就是"微信阅读"等移动化阅读平台得以勃兴的原因,"微信阅读"是一款利用阅读场景分享模式来搭建的App,在用户开展阅读活动时,"微信阅读"

通过赠书好友及所谓的买一赠一等阅读分享模式,将用户的阅读需求和欲望充分激发出来,并将用户的阅读信息如所读的书籍、读后感、阅读时间、阅读笔记等分享给好友,这不但会促使移动化阅读平台上的用户关系链的形成,还对其产生巩固和加深作用,且能够拓宽移动化阅读平台的盈利空间。所以说,乡村移动化阅读的运营方应该大力开发新的阅读场景,并为身处场景中的用户提供有针对性的阅读产品,实现用户与场景、用户与阅读信息的有效配对,增加用户的体验感,激发他们在场景中的分享行为,促进乡村移动化阅读的发展。

5.2.3.5 积极探索乡村移动化阅读的新的营销模式

在今天的阅读市场尤其是乡村的移动化阅读市场中,普遍存在产品营销模式内部动力不足的情况,这主要是移动化阅读中内容生产的动力偏弱造成的。拥有足够庞大、足够优质的内容资源,是移动化阅读平台实现信息的个性化推送的重要条件。要拥有足够庞大、足够优质的内容,单靠专业性生产是不够的,需要积极吸引大批UGC群体的加入。事实上,就我国网络空间中的信息生产来说,UGC群体的生产量已经大大地超过了媒体从业人员的生产量。在内容为王依旧有效的今天,乡村移动化阅读需要吸引UGC群体来生产大量的内容,以填补移动化阅读尤其是乡村移动化阅读内容的不足。在场景时代,优质的内容更能驱动移动化阅读行业的发展,因为用户在满足自身内容需求的基础上才会对场景展开体验,没有符合自身需求的阅读内容,用户不会进入场景之中去开展阅读活动。大家可能都比较熟悉"小红书"这一平台,正是通过UGC这一运营模式,"小红书"才能向其用户群体推出他们所关注、所需要的数量极为庞大、比较真实的内容,并邀请专业人士进驻阅读平台,让他们负责比较专业性的测评,积极与电商平台联系,因而打造了独具特色的"内容+口碑+场景+电商"的模式,这种营销模式被看成通过内容口碑来驱动消费的成功典范。此外,在场景思维的指导下,乡村移动化阅读平台的运营商还可以采取全渠道营销的方式对移动化阅读进行经营,根据用户的成长状况,不断调整与用户对接的营销节点,每个节点都以最终的付费为指向,以此不断培养用户的阅读习惯,积累大量的用户资源,增加用户的黏度,从而找到有效的价值增长点。

5.3 中国乡村移动化阅读发展的产业路径

作为一种在移动互联网基础上诞生的东西,在"互联网+"的背景下,移动化阅读也顺理成章地成为一种对社会经济、文化发展极为重要的产业。因而需要利用产业发展理论来剖析乡村移动化阅读的发展问题。所谓产业发展理论,就是指对产业发展规律的研究有利于决策部门根据产业发展各个不同阶段的发展规律采取不同的产业政策,也有利于企业根据这些规律采取相应的发展战略。

随着乡村移动化阅读产业的不断发展壮大,其产业结构同经济发展相适应而不断变动,出现不断从低级向高级演进、从简单到复杂演变的趋势,从而使整个产业的产业链不断扩展和完善。产业理论包括产业结构演变理论及区域分工理论。其中,产业结构演变理论认为,随着人均收入的提高,人类的产业会从第一产业向第二、第三产业演进。库兹涅茨的研究也证实了产业从低级向高级演进的这一说法,并指出随着时间的推移,传统的产业所占的比重将会不断减少,而新兴的产业所占的比重将会不断增加。区域分工理论的主要观点是,从区域角度分析城市在区域中的优势、劣势和发展潜力等,确定城市在区域中所发挥的作用、扮演的角色,进而确定城市产业,避免"就城市论城市"的产业确定方式。主要包括亚当·斯密1776年提出的比较优势理论和大卫·李嘉图在1817年提出的相对优势理论。这些理论都涉及产业分工、资源的分配和利用问题。

在乡村移动化阅读中,这样的理论尤为重要,因为乡村移动化阅读产业属于一种服务业,是在第一、第二产业演化的基础上产生的,它与其他产业如旅游业、餐饮业等一起构成了第三产业。同时,由于城乡之间、区域之间的网络基础设施、阅读资源等各不相同,这一产业也存在着绝对优势和相对优势等区别。目前,城市尤其是一、二线城市的移动化阅读发展较为迅速,而广大农村尤其是西部农村的移动化阅读发展较为缓慢。网络技术尤其是移动互联网技术能够突破区域的限制，为乡村移动化阅读带来相对平等的阅读资源，并集聚数量庞大的阅读群体，这为乡村移动化阅读的运营铺平了道路。

在当今的移动化阅读时代，阅读内容的工业化生产特征尤为明显，标准化生产、规模化运营、个性化推送及产业化发展的趋势已然呈现。这将助推包括广大乡村在内的移动化阅读的蓬勃发展，不过也埋下了过度商业化的隐患，阅读本身所含有的创造性、个性化等特征被抹平，简单、统一的批量生产和推送成为主流。在这种情况下，传统阅读中的精英化生产逐渐被移动化阅读的大众化生产所淹没。不过大众化生产也并不意味着阅读内容质量的降低，从目前来看，这种生产在增加了阅读的覆盖率的同时，也为整个社会公众尤其是乡村民众的文化素养的提升发挥了积极的作用。如果在包括乡村在内的移动化阅读中认真推行"深度阅读""沉浸式阅读"，将整个移动化阅读推上健康的产业发展道路，则移动化阅读的发展前景无疑会更加光明。在走产业化道路方面，乡村移动化阅读可以采取以下几种措施。

5.3.1 与在移动化阅读领域深耕多年的平台合作，完善阅读生态

要经营好乡村移动化阅读市场，运营商要学会与在线出版公司合作，与在移动化阅读领域深耕多年的平台合作，力争在内容、产品、版权、用户等方面形成完善的产业链，构建起自建的阅读生态。在与大型平台或公司的合作中，乡村移动化阅读的运营商能够为村民提供更多的有用信息，并使之及时传递到村民那里，建立起有效的内容资源集聚平台，让村民在享受娱乐的同时获得有用的信息，突破单打独斗很难打开乡村市场的瓶颈。

5.3.2 注重与村民读者的互动，走社群化服务的道路

互动是乡村移动化阅读的核心，是村民实现深度阅读的法宝，它能够为

村民的持续阅读铺平道路。一旦村民走上了持续阅读之路,带有社交性的互动化阅读就能凭借其优势,将村民的碎片化阅读缝补起来,不断增加村民阅读的深度,并将村民的感悟等呈现出来。这样一来,乡村移动化阅读的运营商就能够在信息聚合、处理等方面下功夫,全面精选和聚集信息资源,并进行有效的推送,实现乡村移动化阅读信息的一站式服务。互动在乡村移动化阅读中的作用远不只体现在信息反馈、收集个性化推送方面,其更重要的价值还在于能够让村民形成一个个的社群,为社群经济的发展注入新的活力,使乡村移动化阅读提供商走上社群化服务的道路,在社群经济的大潮中获取巨大利益。

5.3.3 积极探索多样化的盈利模式

在乡村移动化阅读的经营中,探索多样化的盈利模式,是运营商永不停息的步伐。在这方面,运营商可以采取有针对性地占领用户市场、垂直打包销售信息资源等模式来盈利,也可以综合利用黄先蓉等人总结的盈利模式。黄先蓉等以IP生态为视域,总结出了移动化阅读产业盈利的五种模式,即以知识付费为主的类众筹模式、以IP运营为核心的泛娱乐模式、以社交为切入点的阅读轻社交模式、以人工智能科技为契合点的定制化盈利模式、以原生广告为主的新型广告模式。❶此外,乡村移动化阅读的运营商还可以采取打赏、付费(包括单次付费和开通订阅服务等方式)、广告嵌入等盈利模式。

上面所列举的移动化阅读的盈利模式,并不是一开始就具备的,其经历了一个从单一到多元化的过程。在刚刚兴起的时候,移动化阅读主要是依靠广告来实现盈利的,随着移动化阅读的发展,后来又出现了付费模式,移动化阅读走上了"广告+付费"的盈利模式。今天,移动化阅读已走出城市,扩展到了广大农村地区,其发展越来越壮大,且用户的数量也急剧增加。在这种情况下,移动化阅读的盈利已不能仅仅停留在原有的模式上,因为这已经无法满足移动化阅读产业的发展需求,所以相关的移动化阅读运营商要

---

❶ 黄先蓉,冯婷. IP生态视域下移动化阅读产业盈利模式创新研究[J]. 出版科学,2018,26(1):20-26.

积极开发与移动化阅读迅猛发展的情势相适应的盈利模式。移动化阅读长期依靠吸引用户——增加流量——进行流量变现的方式来盈利,要实现流量变现,就必须与广告商协作。广告商看重的是用户的数量,并迫切期望能够在网页中较为频繁地对广告进行展示,而为了尽快变现,移动化阅读的运营商又很难拒绝广告商的要求,因而在移动化阅读中,用户经常会看到各种各样的广告,很多广告的植入手法非常生硬,使用户产生厌恶感。在这种情况下,利用互联网、场景等思维,将广告进行软化,让广告也极具体验感和欣赏价值,使其不但不会让用户在开展移动化阅读的过程中产生厌恶感,还会对用户的阅读行为产生新的刺激和调节作用。在今天,广告仍然是移动化阅读重要的盈利模式,但广告的植入必须讲究方式方法,如新加坡的一家专门开展移动出版业务的名为 Math Paper Press 的商家,其精心的广告植入就解决了用户在地铁中阅读的苦恼问题。我们知道,地铁这一阅读场景中的信号是比较差的,读者在阅读时经常碰到断线等问题。为了解决这一问题,Math Paper Press 在离线界面的广告设计中把书中较为经典的内容融入进去,当用户在地铁中开展阅读,遇到信号微弱或者断线的情况时,用户的阅读界面就会跳转至离线界面,用户可以在离线界面中进行阅读。采用这种方法,Math Paper Press 既让用户能够继续阅读相关的内容,又能巧妙地进行广告营销,使广告的传播效果得到较大的提升。经过场景化处理的软广告被隐匿在场景之中,在不干扰读者的阅读需求的情况下被用户所感知,具有新闻传播学上所强调的接近性,激发了用户对广告的阅读兴趣。而当用户对广告产生阅读兴趣后,他们往往会进行阅读,这样一来,移动化阅读的运营商就可以为用户提供阅读内容之外的服务,并能有效地为用户提供更有针对性的信息阅读服务。在这种情况下,移动化阅读的运营商就能够找到另一条盈利途径——在保障用户隐私的前提下,通过与其他相关的行业进行联动,以用户数据为依托,移动化阅读的运营商能够为相关的企业设置新的用户入口,根据用户的点击量或购买量,实现与相关企业的分成。这在现在已经成为切实可行的操作措施,因为在云计算等技术的赋权下,移动化阅读的运营商能够利用算法为用户画像,将用户的相关喜好和习惯等发送给合作的相关企业,与他们自动进行对接,由此分享用户参与的红利。这种做法能够在较大的范围内实现用户资源共享,实现企业间的合作共赢,在一定的程度上打破企业间长期存在的竞争态势,变竞争为互利共赢。对乡村移动化阅读来说,相关的运营商提高了场景的利用率进而使场景发生增值,拓宽了其变现渠道,而产品的增值和变现渠道的拓展本身就意味着盈利。对于广大的乡村用户来说,乡村移动化阅读的运营商能够提供更多的信息、更多的场景满足自己信息消费的需求和场景体验的需求,其是愿意为之进行买单(付费)的。其实用户的需求远不止这些,如很多移动化阅读的用户在自身对信息的需求得到满足后,还要求移动化阅读的运营商提供特权服务,他们会注册成为会员,付费享受非会员无法享受的服务。此外,不少移动化阅读的用户还要求移动化阅读的运营商提供附近的产品等增值服务。因此可以说,增值服务也是移动化阅读的运营商实现盈利的新亮点。

5.3.4　打造一站式产业链模式并从中盈利

移动化阅读的产业链模式与传统阅读的产业链模式存在着较大的区别。一般来说,传统阅读的产业链是线性的,因为其产业是由写书到编辑,由编辑到印刷,由印刷再到发行,整个产业都是线性分布的。而移动化阅读的产业不是线性的,其涉及用户、终端提供商、服务提供商、内容供应商、渠道运营商及平台运营商等多个利益相关方,其运作环节是立体化的,所以其产业链是呈立体化分布的。在多个利益攸关方的联动中,移动化阅读的产业链的附加值能够不断增加。众所周知,在移动化阅读平台上,终端提供商、服务提供商、内容供应商、渠道运营商及平台运营商都围绕读者来实现盈利。不过在众多的商家之中,渠道运营商处于产业链的中心位置,在成本投入方面,内容方面的投入远远小于平台的投入,移动化阅读产业链的相关商家的收入分配存在着较为明显的不合理性,各方难免会因此产生合作裂痕。面对这种情况,移动化阅读产业应该积极搭建"一站式"的产业链模式,使之在满足用户需求的同时开展多元化的经营,打造出良好的移动化阅读生态,以此不断平衡相关各方的利益关系,以内容生产为重心,各环节实现有效联动,提供多种形态的信息服务,让用户真正在"一站式"服务中体验阅读的乐趣,并心甘情愿地为移动化阅读的各商家买单。在内容生产中,伴随着IP产业的逐渐做大做强,移动化阅读的运营商可以直接参与IP的开发与孵化,以不断提供优质的IP,并在对IP的运营中获取变现红利。同时,关于IP的运营,移动化阅读的运营商可以联合其他各商家,根据各种预设的场景来设计、开发与IP相关的衍生产品,如游戏、话剧、影视、音乐、动漫乃至周边等,根据用户情况进行具有个性化的IP的定制与推送,以多元化的形态将内容呈现出来,满足用户消费中的场景体验,以不断延伸移动化阅读中的IP价值,提升IP和产品的知名度,增加用户的忠诚度,以此不断积累粉丝资源。

总的来说,要打造场景化的"一站式"移动化阅读产业链,移动化阅读的运营商必须拥有优质的原创IP资源,并在此基础上搭建出与用户快节奏的生活相符合的场景,让用户能够在各个场景中进行有效的切换,并将各个场景融入整个移动化阅读场景体系之中,让用户在移动化阅读的产品生产、推送与阅读的过程中能将对产品的接触、选择和使用与特定的场景适配起来,为接下来的IP运营奠定坚实的基础。可以说,移动化阅读的产业链的"一站式"运作使相关的资源配置得到了优化,处于产业链中的各个商家的成本投入得到了有效的控制,为移动化阅读产业的发展铺平了道路。值得注意的是,"一站式"移动化阅读的产业链所包括的商家范围较广且相互之间的关系较为复杂,需要移动化阅读的运营商进行精心的规划与设计,尤其要把握好内容供应链这条核心的链条,使内容供应商、终端提供商及渠道运营商都能在这条核心产业链上进行对接,再辅以平台运营、服务提供等行动,由此推动移动化阅读尤其是乡村移动化阅读的发展。令人欣慰的是,今天的移动化阅读产业链已经逐渐走上了成熟的道路,移动化阅读的产品数量、用户规模和市场规模正在迅速扩大,在积极利用场景融合和内容聚合等有利条件的情况下,移动化阅读的产品能够通过多元化的渠道实现迅速变现。

正因为移动化阅读产业能够实现快速变现,一些互联网巨头纷纷加入进来,全面布局移动化阅读。仅在国内,掌阅、腾讯及阿里等移动化阅读的内容供应商和互联网企业就着力整合内容资源,积极开发高质量的IP,并依托IP开发出一大批衍生产品。2018年,阿里举办了阿里文学首届行业生态峰会,并在会上推出了60部题材极为广泛的作品。内容提供商与服务供应商、平台运营商之间协同发展,凸显了移动化阅读领域的跨界融通的新生态场景,改变了移动化阅读运营商多年以来孤军奋战的局面,在很大的程度上稳固了移动化阅读的产业链结构。一些运营商正尝试拓展移动化阅读的中游、下游产业链,虽然还没有形成较为独立和稳定的市场,却是移动化阅读市场不断发展壮大的先兆,待到产业链发展成熟,有过硬的技术和资本作为基础时,相关的运营商也能依靠自身的能力打造独立的产业链。众所周知,移动化阅读的运营商可以借助全媒体技术把信息以多样化的形态传播出去,但是无论采用何种形态来传播阅读内容,都必须注重场景内所包含的信息,如目标用户群体是什么、时间地点如何安排、线下和线上的环境怎么营造、用户的需求在哪里、如何为他们提供服务、用户的消费习惯如何、开展运营需要投入多少人力物力、运营平台能获得什么样的利益等。为解决上述问题,不少移动化阅读的运营者从文化、社会及用户三个层面来思考场景的搭建问题,以满足用户的需求,节省投资并打造健康的产业链。此外,也有一些移动化阅读的运营商充分考虑产品生产问题,在阅读产品的生产中充分考虑其与场景的关联性,从产品的内容、功能和交互性等方面来设计产品。

毫无疑问,包括乡村移动化阅读市场在内的移动化阅读市场具有较为广阔的发展前景,与之相关的各运营商都渴望在投资后掌握盈利的主动权,都想在产业发展中分上一杯羹,因而纷纷布置移动化阅读市场。这对扩大移动化阅读产业的市场规模有着较大的作用,然而如果相关的各个商家都盲目扩张,不认真钻研自己所擅长的环节,就会使移动化阅读在各环节上都失去了核心竞争力,任何想要独占移动化阅读市场的商家都不会取得成功。也就是说,只有与其他共同经营移动化阅读市场的商家携手共进,各司其职,做好自己所应该坚守的环节,在协作中充分发挥自己的优势,全面研判用户需求和习惯,做大做强内容环节,为内容的多样化传播提供强大的技术支撑,创新原有的机制体制,瞄准重点市场和目标群体,重视知识产权和隐私的保护,才能创造更多的盈利空间,实现互利共赢的目标。

5.3.5　建构"互联网+内容+服务"的模式

包括乡村移动化阅读在内的所有移动化阅读,都是在移动互联网的技术支撑下产生的,在发展中都需要将内容作为最核心的环节,并致力于用多样化的传播形态将阅读内容推送给读者,做好移动化阅读的场景和平台服务工作。因此移动化阅读平台可以采取"互联网+内容+服务"的运营模式,以不断拓展发展空间。为用户服务,是移动化阅读运营的首要思想,因为只有服务好用户才能取得收入,同时,服务是一种人文精神,是移动化运营商所必须坚持的情怀,服务读者是移动化运营商连接读者与社会的情感纽带。在服务思维的引导下,采用传统媒体和新媒体等多种媒体渠道,将生产的内容产品推广出去。合理利用互联网思维和场景思维,让"互联网+内容+服务"模式深入人心,构建官方、公众和媒体全方位的服务和宣传渠道,打造移动化阅读的品牌,以此获得更多的利益。

今天,移动化阅读的技术空前发达,内容推送手段日益多样化,为移动化阅读的迅速发展提供了技术与渠道支撑。在这种情况下,移动化阅读的运营商可以随时掌握读者所反馈的信息,并能够随时随地与读者进行沟通。在沟通中,移动化阅读的运营商应该坚持人本精神和人文情怀,认真倾听读者的诉求,认真应对作者所反馈的意见,积极借助互联网技术,制订并切实推广读者服务计划,不断改进服务质量,打造以读者为主导的服务流程,优化移动化阅读平台的运作水平。利用新媒体技术所搭建的移动化阅读平台,就是一个虚拟社交圈,推出什么样的内容,提供什么样的服务,不仅能展示相关运营商的形象,也为相关的运营商考察读者的阅读心理提供了便利。与传统的阅读相比,移动化阅读能够根据用户的阅读偏好,将用户高度黏合起来,打造一条从内容生产到内容变现的通道。

总之,包括乡村移动化阅读在内的所有移动化阅读,都要积极打造属于自己的产业链。产业链的打造不是盲目的,要想实现移动化阅读产业链的可持续发展,构建一个健康的移动化阅读生态系统是必需的。移动化阅读的有关各方要协调作战,为打造一条健全、健康的移动化阅读产业链贡献力量。当前,移动化阅读的产业链日趋成熟,但由于产品和资金,尤其是资金流转牵涉众多的环节,内容供应商、终端供应商、平台运营商、服务提供商、支付运营商等都会被牵扯其中,如果这些运营商都只想着自己的利益而忽视了整个产业链的打造,那么移动化阅读产业的发展前景无疑是黯淡的。只有各个环节实现密切配合,才能支撑包括乡村市场在内的整个移动化阅读市场的健康发展。

5.4 中国乡村移动化阅读发展的引导阅读的路径

在乡村的移动化阅读发展中,相关的运营商学会开展引导阅读活动,也是十分有价值的。

5.4.1 乡村移动化阅读中进行阅读引导的必要性

在乡村的移动化阅读中,开展引导阅读的活动是十分有价值的,因为网络的信息量极为庞大且繁杂,广大乡村民众的阅读素养和知识水平又相对偏低。具体来说,在乡村移动化阅读中开展引导阅读活动,具有以下几个意义。

5.4.1.1 有利于广大乡村民众在短时间内找到自己需要的阅读内容

互联网空间中的信息浩如烟海,对读者尤其是文化素养和技术素养相对较低的广大乡村民众来说,要在短时间内找到自己所需的信息,是一件尤为困难的事情。同时,就算是乡村民众已经找到了自己想要阅读的信息,但网络信息超文本的特性,让网络结点间的关系变得特别复杂,在广大乡村民众进行阅读时,他们在每一个结点上都面临着多个选择,这些选择指向不同的目标,广大乡村民众四处点击,使网页频繁跳转,很容易让自己在移动化阅读中迷失方向,再回到原来的主题上需要花费较多的时间和精力。其实,乡村民众是比较认可引导阅读这一做法的。在对华北某村进行调研时,笔者曾对一位村民进行了访谈。

笔者:在上网阅读信息的时候,你有没有半天才找到自己想要的信息的情况?

受访者 V7:有啊,经常都有。其实现在网上的信息很多,我喜欢看警察破案的内容,不过要在网上搜索半天,有些时候搜了半天,搜到的东西都是之前看过的。

笔者:你应该进入专门的网站去找。

受访者 V7:哪里有专门的网站啊? 我都不知道。听我老公说有一些专门供我们阅读的软件,可是我打开以后,上面都是一些小说、散文,等等,很难找到警察破案的信息。要是有个网站,专门上传警察破案的信息,或者有些网站,在打开网页时,最上面有地方显示破案信息的栏目,我觉得就特别好。要是遇到这样的网站,还能告诉我哪些是我看过的,哪些是我没有看过的,那该多好啊,不但我会天天读,我也会把它发给朋友和亲人去读。

这说明村民虽然不知道什么叫引导阅读,但他们希望乡村移动化阅读的运营商能够把他们想要读的信息进行分类展示,或者建立专门的网站供他们阅读。有鉴于此,乡村移动化阅读运营商应该积极开展引导村民阅读的活动,给他们推荐精美的、优质的,适合他们阅读的内容,以提升广大乡村民众的阅读效果,提升他们对乡村移动化阅读平台的忠诚度。

5.4.1.2　有利于广大乡村民众养成良好的阅读习惯

随着社交媒体的发展和普及,很多村民能够利用微博、微信等进行阅读,但仍然需要对他们进行导读,因为现在的移动化阅读空间中存在大量的"心灵鸡汤"类阅读内容,或者是只为博人眼球的低级、庸俗类信息。如果广大村民长期阅读以上两类信息,不仅不利于他们文化素养的提升,还会拉低他们的思想素质,对推送有利于实现乡村振兴的阅读内容造成重大的阻碍,不利于广大村民的良好阅读习惯的养成。为此,需要在乡村民众的阅读中开展引导活动。

5.4.1.3　有利于乡村民众读到经典的信息

在长期的"浅阅读"中,广大乡村民众容易养成浏览式、跳跃式的阅读习惯,并由此远离"深阅读"和"经典阅读"。网络的优势是让广大乡村民众的阅读更为方便、更有主动权,且能够通过链接的形式,不断延伸和拓展阅读内容。然而由于受乡村生产和生活的影响,乡村民众的阅读往往是比较肤浅的,而长期的浅尝辄止的阅读往往让乡村民众远离经典,这无疑会让村民的阅读效果大打折扣。阅读是人们认识世界、认识自我的活动,因而阅读是人类的一种认知过程,坚持开展高质量阅读活动能够提高人们改造世界的能力。在移动化阅读中,如果广大乡村民众长期接触庸俗性文化,他们的思维方式、人生观、世界观都会发生重大的变化,而这些变化会直接作用于乡村的生产和生活,拉低乡村的格调,影响乡村的振兴。所以乡村移动化阅读的运营商要积极开展引导阅读的活动,用经典的阅读内容吸引广大乡村民众,让他们树立高尚的道德情操,自觉为推动乡村的发展贡献力量。

5.4.1.4　为研究乡村振兴的学者提供信息查询的便利

乡村振兴不仅需要村民的辛勤劳动,也需要相关的理论来指导。对那些研究乡村振兴的学者来说,其作用就是找到契合乡村发展的理论,将它们与乡村的实际结合起来,指导广大乡村民众开展生产活动,以促进乡村的发展。由于乡村的移动化阅读所包含的信息极为庞杂,研究人员很难找到自己所需要的信息。在这种情况下,如果乡村移动化阅读的运营商能够开展引导阅读活动,将相关的阅读信息推荐出来,就能够免去研究者花大量时间和精力去搜索的麻烦,让研究者能够更有效地开展相应的研究。

综上所述,乡村移动化阅读平台需要根据自己所掌握的受众的阅读需求情况和信息消费习惯,把重要的内容在明显的位置列出来,让读者能够尽快地找到阅读点,让他们成为阅读明星,并将他们阅读的信息推送出去,以引导读者开展相关的阅读活动。此外,移动化阅读平台还可以充分利用各种社交媒体,实时向包括广大村民在内的读者群体推荐优质内容。这也说明,在乡村移动化阅读的运营中,相关的运营商尤其是内容提供商的责任极为重大,他们必须发扬文化担当精神,为广大村民推送健康的、有利于社会主义核心价值观塑造的文化,推送有利于农村生产生活的文化,充分发挥文化在乡村振兴中的引领作用。乡村移动化阅读平台的导读,可以从经典内容推送、栏目引导等几个方面去努力。

5.4.2 乡村移动化阅读发展的引导阅读的路径

5.4.2.1 培养乡村"阅读领袖",让其发挥阅读引导作用

作为乡村移动化阅读平台与广大村民间的重要桥梁,乡村"阅读领袖"长期扎根农村,且相对熟知国家的相关政策,文化素养也相对较高。他们对"三农"问题的感受更为深刻,发展愿望强烈,发展思路较为清晰,其所需求的信息更符合农村发展的需要。乡村移动化阅读平台如果能够重点培养这些"阅读领袖",并主动邀请他们参与选题策划,在获取有效反馈信息的同时有针对性地推送信息,必然能够激发村民的阅读兴趣,从而有效锁定农村移动化阅读市场。因此,乡村移动化阅读的运营商应该积极鉴别出有价值的"阅读领袖",对之进行精心培养,以发挥他们在乡村移动化阅读中引导阅读的作用。

5.4.2.2 转变角色,加强精美信息的推荐

在移动化阅读时代,广大乡村民众的阅读方式发生了巨大的变化,对村民的阅读进行导读,不仅要推送有利于乡村发展的文化,也要对乡村民众的阅读习惯进行引导,而这些都需要根据乡村民众信息需求变化的情况进行引导。面对乡村移动化阅读的产业发展的新变化和新媒体信息传播的影

响,相关的政府部门和乡村移动化阅读运营商都应该紧跟广大乡村民众信息需求的新变化及阅读习惯的新变化,在整个乡村移动化阅读的各个环节作出相应的服务调整,主动适应广大乡村民众的信息需求,不断提升在乡村移动化阅读中的引导力,要对所推送的信息进行把关,进一步做好与广大乡村民众的互动,让乡村的移动化阅读走上更为健康的道路。而这需要广大移动化阅读平台的运营者转变经营思路,转变自己的角色——从信息的"把关者"向信息的"推送者"转变。

在移动互联网飞速发展带来移动社交媒体繁荣的今天,信息传播的传受双方的角色已悄然发生变化。虽然媒体承担的基本功能和媒体信息传播的规律没有发生变化,但在新媒体的技术支持下,受众已经从信息的接受者转变成了集信息的生产者、传播者和消费者于一身的人,其在信息传播中的主动权不断提升,使整个新闻传播业的理论和业务都发生了较大的变化。受众一跃成为信息传播中的主动者,使媒体在传播中的产品和服务都得接受受众的审查和检验。在这种情况下,媒体从信息的把关者转变成了信息的推送者。他们在浩如烟海的信息中寻觅受众喜欢的信息,并将其推送给受众,以此适应传媒发展的趋势。鉴于信息传播的重心已经移向了信息消费者,乡村移动化阅读的运营者应该主动从与读者的互动中获取灵感,更新信息传播观念,树立信息"推送"意识,把握好信息推送的尺度,使读者能够从浩如烟海的信息中寻求到自己所需要的信息,积极主动地了解读者、服务读者,激活整个阅读市场。因此,在乡村移动化阅读平台的运营中,相关的运营商要致力于为广大乡村民众推送精美的信息。不过这些精美的信息不是随意推荐的,它们需要制订相关的计划,在推送的内容上进行科学决策,在组织生产相关的阅读产品时要充分考虑乡村的实际状况和村民阅读的适应性,从实际出发优化推送的内容。争取先吸引一批农村读者,在读者规模基本稳定的基础上再激活潜在读者,开发和培养更多的读者。在这种情况下,乡村移动化阅读的运营商要在选题上进行认真的策划和加工,又要注意引领读者去阅读,在有计划地推送相关信息的过程中,逐渐培养起广大乡村民众的阅读习惯,塑造广大乡村民众的情操。需要注意的是,乡村移动化阅读的运营商的角色从"把关人"向信息"推送者"的转变,并不意味着在信息推送的过程中,乡村移动化阅读的运营商不需要对推送的知识进行把关,说是信息推送者,其实是从提高服务质量的视角来说的,乡村移动化阅读的运营商在选择推送哪些信息、不推送哪些信息时,本身就是一种把关。从这个角度来说,乡村移动化阅读的运营商是集推送与把关于一身的,他们推荐精美的内容,目的在于满足乡村民众信息需求的同时也对乡村民众的阅读进行引导。乡村民众对移动化阅读的运营商所推荐的精美信息进行阅读,目的是在短时间内满足自己的阅读需求。有了导读,广大乡村民众不仅能够迅速阅读相关的信息,还能够在碎片化的阅读时间中形成良好的阅读习惯,并能够使自己的文化素养和科技素养得到大大的提升。这就是乡村移动化阅读的运营商需要转变角色,加强精美信息的推荐,做好引导阅读工作的重要原因。引导阅读工作做好了,乡村的广大民众就能够形成阅读某类信息的习惯,就能够对某类信息有强烈的阅读需求,这对乡村移动化阅读的发展来说无疑是一件极具价值的事情。

5.4.2.3　建立有效的分类目录或搜索引擎

分类目录是将已有的读物按照某种事先确定的类目体系分门别类地加以组织并提供给读者的方式。❶分类目录能够将乡村移动化阅读的内容进行细化,并根据广大村民的阅读情况进行进一步的细分,直到分出广大乡村民众感兴趣和能够接受的阅读栏目为止。在分类的栏目中,每个栏目所包括的读物数量要适中,如果数量较少,可以使用上一级目录来扩检;如果数量较多,则可以对之再进行细分。总之,在乡村移动化阅读中,分类目录的作用是将阅读的内容进行明确的归类,实现阅读内容的精确定位,并在每个栏目中提供阅读内容的精彩片段、前言、评论或者书影等,目的是让广大乡村民众能够进行快速而有效的阅读。同时,乡村移动化阅读要提供有效的平台搜索引擎,甚至是其他平台的同类信息的搜索引擎。因为网络信息较为繁杂,且更新较快,读者很难跟上其变化速度,这就需要乡村的移动化阅

---

❶ 邹静静,黄孝章.网络阅读的效率及网络导读[J].北京印刷学院学报,2008(2):29.

读运营商在平台上提供便于精确定位信息的搜索引擎。

5.4.2.4　在乡村移动化阅读平台上提供热门站点的链接

在乡村的移动化阅读中,有不少平台经营的内容是类似的,为了让广大村民能够阅读到更多信息,相关的经营者可以在自己的平台上列出其他经营同类内容的网站的链接方式,让广大乡村民众能够拓展自己的阅读空间,并由此搜集广大乡村民众对自己所经营的平台的同类信息的需求情况,为自己下一步推送更合适的内容提供帮助。

5.4.2.5　构建专业指引库和智能导航系统

乡村移动化阅读的运营者应该建立自己的专业指引库,这个指引库相当于一个数据中心,它不存储任何实际有效的信息资源,但广大乡村民众在对其进行访问时,却能够找到自己所需要的实际资源。专业指引库能够指引广大乡村民众在相关的网址上去阅读自己所需要的信息。如乡村移动化阅读的运营者可以在自己的平台上建立"农业科技网址中心",让读者在打开该中心后,能够找到不同经营农业科技信息的网站,并点击进行阅读。如果要进一步细分,可以对"农业科技网址中心"再进行分类,如"农业种植网址中心""农业养殖网址中心""农村电商网址中心"等。专业指引库能让广大乡村民众分类阅读自己想要的信息。对于专业指引库中的链接,可以是其他企业已经运营的网站,也可以是自己建立的网站。但如果是其他企业已经运营的网站,就需要与相关的企业取得联系,在他们同意后方可运作。在智能导航方面,乡村移动化阅读的运营者要避免广大乡村民众在寻求深层次、多元复杂的信息时陷入困顿,就需要建立能够智能化地为广大乡村民众提供个性化信息和知识服务的智能导航系统。要建立智能导航系统,就需要长期跟踪广大乡村民众的信息访问习惯和访问类型,利用智能搜索、算法及数据挖掘等技术,将广大乡村民众感兴趣的阅读内容主动推送给他们,为读者提供智能导航服务。这种做法能够大大节省广大村民的信息搜索时间,能够为广大乡村民众提供精准化的信息服务,从而提升自身的知识服务水平,并由此获得经济利益。

事实上,乡村移动化阅读的经营者要为广大乡村民众提供引导阅读服务,还可以采用个性化的图书推荐、图书漂流、参考咨询等方法,充分了解广大乡村民众的需求,为他们推荐适合他们阅读的内容,不断提升他们的文化素养、科技素养和业务素养。

综上所述,包括乡村移动化阅读在内的所有阅读平台来说,其内容都是极为繁杂的,用户很难在短时间内找到适合自己阅读的内容,而在短时间能够浏览更多的与自己需求相关的内容,又是包括广大乡村民众在内的用户在阅读中不懈追求的目标。面对这种情况,乡村移动化阅读的运营者应该积极开展引导村民阅读的活动,以此不断提高乡村民众的阅读效率。

5.5 中国乡村移动化阅读发展的基础设施建设及监管路径

在乡村的移动化阅读中,网络等基础设施的建设必不可少,否则所谓的移动化阅读活动就不可能开展下去。面对数量极为庞大且无比庞杂的阅读内容,相关的部门必须对之进行监管,以使民众获取健康的阅读信息,并能保护移动化阅读内容的知识产权,由此推动乡村移动化阅读的发展。

5.5.1 乡村移动化阅读发展的基础设施建设路径

当前,我国乡村的互联网普及率仍然不高,在很多地方面临着网络信号极弱甚至没有网络的情况。要推动乡村移动化阅读工程,没有网络这一基础设施就等于是空谈,因而必须加大乡村网络基础设施的投入力度,并加大与乡村移动化阅读相关的 App 的建设力度,推动乡村移动化阅读的标准化建设,尽快打通农村公共阅读服务"最后一公里"。

5.5.1.1　提升广大农村地区的互联网普及率,提升乡村移动化阅读的管理水平

第 51 次《中国互联网络发展状况统计报告》显示,我国农村地区互联网普及率仅为 28.8%。这说明我国农村互联网普及率较低,乡村移动化阅读的市场还没有得到较好的开发。在城乡的"数字鸿沟"比较明显的今天,如果再不推进乡村的互联网建设,则乡村的发展更为令人忧虑。对于乡村移动化阅读来说,需要在打通公共阅读服务"最后一公里"之后,积极利用"互联网+"技术,提高移动化阅读的建设和使用水平,实现与城市阅读资源的连通,让乡村能够共享城市的阅读内容,同时还需要另辟蹊径,根据广大乡村民众的需求和使用意愿,积极建立有乡村特色的移动化阅读平台,促进城乡公共阅读服务的均衡发展。事实已经证明,单靠现有的"农家书屋"、农村图书馆、农村阅览室等阅读设施的建设,是很难让乡村的阅读取得长足发展的。在互联网技术的作用下,乡村移动化阅读不仅能够延伸至任何一个村庄,而且能够将更为丰富多彩的信息推送给广大乡村民众,全力推动"农家书屋"向数字化升级转型,实现真正意义上的"全面阅读",尽快建成全民学习型社会。此外,有关的政府部门还需要拿出足够的资金,开展广大农村地区的移动化阅读终端建设、开展乡村特色文化资源库建设,以便广大乡村民众能够更好地利用互联网开展符合自身需求的移动化阅读,将数字化的农家书屋建设成广大村民的"希望之屋""幸福之屋"。这项任务是极为紧迫的,正如西北大学的一位教授在接受访谈时所言:

在"互联网+"时代,没有什么比加大网络基础设施建设更有价值的了。在移动互联时代,人类开展的一切活动,都与网络有着密切的关系,尤其是移动化阅读,就更需要加强移动互联网设施建设了。可以说,移动互联网的普及和应用是移动化阅读的前提,加大移动互联网的建设,提升其在乡村的普及率,就为乡村的移动化阅读铺平了道路,为其发展插上了腾飞的翅膀。乡村移动互联网的建设有个最为巨大的困难,就是信号站的建设难以推进,

要在偏远的山区建设信号站,不但成本较高,且收益甚少,还不便于维护。在这种情况下,很多网络公司不愿意到贫困山区建设信号站,导致这些山区的信号不足甚至没有信号。对乡村的移动化阅读来说,手机等接收不到信号意味着什么,就不用多说了。此外,对偏远山区来说,开展移动化阅读的困难,远远不只是移动网络那么简单,在这些山区,绝大多数村民用的还是功能机,对智能机知之甚少,更不要说平板电脑等阅读器了。没有设备、没有网络,如何开展移动化的阅读? 这应该就是乡村移动化阅读很难开展的原因。其实如果你是移动化阅读运营商的话,你也不会对乡村尤其是偏远的乡村感兴趣。然而,乡村振兴离不开知识的传播,偏远山区的传统阅读氛围本来就很淡,如果移动化阅读进不去,试想如何对村民普及科学文化知识? 如何提升村民的文化素养和技术素养? 因此,相关政府部门联合开展移动化阅读的公司,把网络和设备送过去,把内容送过去,必须马上就要干,否则乡村的发展尤其是偏远落后乡村的发展就会被大大延缓。❶

5.5.1.2 建立具有农村特色的移动化阅读 App 客户端

对乡村移动化阅读的运营商来说,必须建立起具有农村特色的移动化阅读 App 客户端。第一,要致力于让村民能够轻易地获取、看懂有关"三农"的政策和资讯,让村民通过在线阅读就能学到各种知识,成为懂技术、善管理、会经营的新型农民。第二,乡村移动化阅读经营者还应该传递各种电商知识,让村民能够快速发布产品资讯,并告诉村民产品需求信息,引导村民与淘宝等大型电商对接,使村民切实在移动化阅读中获得实惠。第三,要考虑到村民的文化素养,开通实时语音播读系统,使村民能够随时掌握相关资讯。第四,要积极推广"互动触摸屏+移动化阅读 App 客户端+数字阅读资源"服务模式,将相关的场景设计得简洁、朴实,具有农村气息,以增强用户的体验感。第五,要积极借助阅读平台开展品牌营销,通过优质的内容资源来获取忠诚的用户,提升用户间的互动效果,以此打造极具口碑的移动化阅读平台。

---

❶ 受访者S7,受访时间为2021年5月16日。

5.5.1.3　推动乡村移动化阅读的标准化建设

当前,移动化阅读市场的各种 App 参差不齐,各种型号的阅读设备、多样化的阅读端口让用户难以适从。要尽快占领乡村移动化阅读市场,运营商要积极与相关的阅读设备生产商沟通、合作,实现阅读设备和端口的标准化,为村民提供体验性强的阅读设备,提升村民的忠诚度。此外,运营商还要规范阅读产品的版本格式、完善移动支付系统,为村民的移动化阅读提供更人性化、更便捷的平台。

5.5.2　乡村移动化阅读发展的监管路径

随着乡村移动化阅读产业的发展,大量的信息如洪水般涌进了乡村移动化阅读平台,一时间阅读平台上的内容鱼目混珠、泥沙俱下,很多庸俗、低下的信息乘机混入了乡村民众的阅读视野。同时,就当前中国来说,包括乡村移动化阅读在内,所有的移动化阅读都还没有在保护知识产权方面取得令人满意的进展。而这些都极不利于整个乡村移动化阅读市场的健康发展。这说明加强对乡村移动化阅读市场的监管势在必行,也说明了监管面临着极为复杂的市场环境,监管的技术难度也极大,因而在监管中需要思考有效的办法。

5.5.2.1　完善相关的法律法规并加大在广大农村地区的宣传力度

由于移动化阅读是一个刚刚兴起的行业,加之其发展极为迅速,且世界各国都还没有现成的道路可走,因此目前相关领域的法律法规仍不健全,尤其是对乡村移动化阅读来说,更是缺乏现成的监管模式可依。因此,有关部门要及时加强相关领域的法律法规的制定和完善工作,并下大力气在广大农村地区进行宣传,让乡村民众知晓移动化阅读中应该规避的内容,使他们养成良好的阅读习惯。同时,对于那种有意推送庸俗阅读内容的移动化阅读平台,要坚决地予以惩处;对于利用移动化阅读平台传播庸俗信息的村民,也要将之绳之以法。在今天的中国农村,有关乡村移动化阅读法律法规的宣传少得可怜,有些村庄甚至就没有宣传过,笔者在华东一个发展相对不错的村子调研时,发现从来没有人在村里面对如何在不违背法律法规的情况下开展阅读进行过宣讲。在与村民交谈时,笔者感觉到加强与乡村移动化阅读相关的法律法规的宣传刻不容缓。

笔者:你们这里有人专门来给你们宣传如何开展网上阅读吗? 比如说用手机上网,哪些信息可以看,哪些信息不可以看。有这样的宣传吗?

受访者V2:没有,我们附近的村子好像也没有人去宣传过。

笔者:那你们知道哪些内容可以看,哪些内容属于国家禁止的吗?

受访者V2:凭估计应该可以知道一些,但是具体有哪些,还是不完全知道。不过我觉得只要是放在网上去的,尤其是放在"阿里文学"等里面的东西,应该都是国家允许的吧,不然他们不会放上去。

笔者:那你会自己上传一些东西到网上去吗?

受访者V2:我没有上传过,但是我孩子上传过。他经常拍一些东西放在网上,有些时候也把其他人传给他的东西放上去。他没有去拍,又没有人传给他的时候,就会把一些老电影或者电视剧截一小部分上传,点击率还比较高。

这充分说明,我国乡村民众还没有意识到,在乡村移动化阅读平台上,哪些信息是可以阅读的,哪些信息是国家明文禁止的。同时,很多村民也不知晓,究竟上传什么样的内容会侵犯版权。此外,也有不少村民在发现不良信息时,还不知道去哪个部门举报。这说明了加大与乡村移动化阅读相关的法律法规宣传的重要性和必要性。

5.5.2.2 重建乡村民众对公共文化监督的渠道

随着城镇化建设的推进,很多乡村民众纷纷离开故土,进入城市务工,农村出现了所谓的"三八"(妇女)、"六一"(儿童)及"九九"(老人)现象,村民之间的交流逐渐减少,对乡村文化建设的参与热情不高。由于相互沟通和交流不多,使之前容易解决的一些矛盾,现在解决起来较为棘手。再加上制度方面不完善,村民对公共活动的参与、对公共服务建设的意识又较为薄弱,因而就乡村移动化阅读来说,在监管上存在着制度缺失、观念脱节的状况,导致广大乡村民众的移动化阅读需求缺失,政治参与性不强,而这对乡村振兴来说,无疑是不利的因素。因而,相关的政府部门及移动化阅读的运营商要充分利用移动化阅读的技术优势,向广大村民推送积极、健康,能够激发村民参与意识的内容,激发广大村民对公共文化的监督热情,重建乡村民众对公共文化监督的渠道。

5.5.2.3 乡村移动化阅读的运营商在做好自律工作的同时协助相关部门做好监管工作

乡村移动化阅读虽然具有十分广阔的前景,但仍然存在众多的负面因素,其中尤以内容监管的漏洞为甚。作为乡村移动化阅读的提供者,运营商除了要在内容生产和传播上加强自律,对相关的数字化内容进行严格的审查把关,以杜绝剽窃盗版现象、杜绝色情内容外,还要积极配合国家相关部门做好平台的监管工作,防止不良信息的传播,为乡村的移动化阅读营造风清气正的环境。

对乡村移动化阅读的发展来说,还有一个路径是值得关注的,那就是培养广大乡村民众的阅读习惯问题,这一路径在推动乡村移动化阅读的发展中也有着较为积极的作用。由于传统阅读方式的影响,加之乡村移动化阅读的基础设施尚不健全,因而广大乡村民众在开展移动化阅读方面的积极性还需要进一步提高,他们的移动化阅读习惯尚未形成。在这种情况下,相关的政府部门与移动化阅读运营商需要积极培养广大乡村民众的信息素养和阅读素养,由此推动广大乡村民众的阅读习惯向数字化转型。为什么在培养广大乡村民众的移动化阅读时,要对他们的信息素养进行培养呢?这是因为信息素养是信息化社会中人们进行生产、生活时必须具备的素养,也是进行现代化的阅读活动时最为基础和最为关键的素养。广大乡村民众的信息素养偏低,必然会影响他们的整体阅读水平。在培养广大乡村民众的信息素养时,要坚持政府的主导地位,依托乡村的信息基础设施,利用互联网赋予的多种传播形态,立足数字化阅读这一主题,向广大乡村民众推广网络阅读技术、阅读内容的检索技术、移动终端的使用技术等,以不断提高广大乡村民众的信息获取和利用能力,让广大村民主动适应现代化的阅读需求,并在阅读中学会鉴别信息的真伪和优劣,且能够对信息进行汇总、整合和加工,切实体会到信息的重要性,做到转变阅读和信息获取观念,早日适应信息时代对生产和生活技能的要求。在培养起广大乡村民众的信息素养后,就要对他们的数字化阅读习惯进行培养。培养广大乡村民众的数字化阅读习惯,可以采取推送符合村民需求的信息,引导他们合理利用农闲时间来阅读等方式来进行。一旦广大村民的移动化阅读习惯被培养起来,他们就会进行人性化的、理性的阅读,这对社会主义新农村建设来说,无疑有着巨大的意义。

本章小结

本章是整个研究的重点所在,目的在于为乡村移动化阅读的快速、健康发展找到合适的路径。在进行较为全面的思考以后,本章从内容选择、场景打造、产业链延伸、引导阅读、基础设施建设及监管等多方面分别提出了有利于促进乡村移动化阅读的措施。笔者认为,本章的研究为推动乡村移动化阅读的发展提供了众多可借鉴的措施,因而相关的研究具有较大的价值。

6 结论与讨论

乡村移动化阅读是在移动互联网技术的支撑下产生的一种阅读方式,伴随着移动互联网的发展,这种阅读方式已经逐渐成为主流。不过,我国的乡村移动化阅读存在着明显的独角兽特征,少数几家实力强大的公司垄断了移动阅读市场。但乡村的移动化阅读并不是风平浪静的,其中存在着风起云涌的竞争。在乡村移动化阅读市场今后的发展中,传播方式的交互化、场景化,内容的聚合化是其必然趋势。

6.1 当前中国乡村移动阅读市场的竞争态势

客观地说,我国乡村移动化阅读市场发展还不算成熟,又被数家实力强大的公司所垄断,存在着较为明显的"马太效应"特征。随着乡村移动互联网的普及率不断提高,原有的移动阅读的经营者正积极开拓乡村移动化阅读市场,力求不断扩大乡村移动阅读市场的份额。在早些时候,QQ阅读最受广大乡村民众的欢迎,成为广大乡村民众使用频率最高的App。随着移动终端在乡村的不断普及,以及乡村移动化阅读的市场空间的拓展,很多运营商都在积极抢占移动化阅读市场,推出了诸如咪咕阅读及天翼阅读等新的阅读产品,其市场竞争力不断增强,这当然也会使乡村移动化阅读市场的竞争日趋白热化。

在移动化阅读市场中,乡村民众的规模正不断扩大、使用频率正逐渐增加。在开展移动化阅读时,广大乡村民众通常阅读那些具有刺激性、新奇性、带有娱乐性的内容,不少人也阅读网络小说。不过他们仍然期望阅读带有促进乡村振兴的科技类、服务类的知识。在468份有效的问卷调查中,共有312人表示除了娱乐休闲内容外,他们还期望阅读科技类、服务类内容,所占比例达到总人数的 66.67%。在这种情况下,为增强自身的竞争力,快手、阿里、百度、QQ、微信等开通了移动化阅读软件,在已经拥有一定数量的乡村读者的基础上,与那些知名的小说网站(如"中文在线")和那些科技和服务能力较强的公司合作,积极推出相应的阅读内容,以此集聚用户资源和内容资源,取得先天的竞争优势。以百度文学为例,其充分发挥资源整合能力这一优势,对其所拥有的优势资源如百度阅读及熊猫阅读等进行整合,还收购了不少中文网站,以增加自身可利用的资源。同时,在移动化阅读的运营中,百度文学还极为重视阅读的社交作用,注重在阅读中融入社交,开拓了"社交化阅读"的新路子,这种做法能够引领乡村移动化阅读的新方向,因而获得了巨大的经济收益。随着其他移动化阅读公司对"社交化阅读"的开发,这一领域的竞争必然会加剧。

技术在推动社会各行各业的发展中的力量绝对不容小觑,随着 VR 及 AR 技术的日趋成熟和应用的日益广泛,各种各样的阅读内容将会不断涌流出来,并迅速渗透到人类社会的每一个角落,必将对包括广大村民在内的民众的生产和生活产生巨大的影响。毫无疑问,伴随着移动化阅读的不断风靡,包括乡村在内的移动化阅读的场景将不断完善,移动化阅读在整合文字、图片、音频、视频等方面的信息的能力必然不断提升,人们在移动化阅读中的体验性也必然会不断增强,一股尤为巨大的信息化的力量必将席卷全球,社会信息化成为现实。不过需要注意的是,由于投资成本长期居高不下,VR 与 AR 类图书要全面普及,还需要较长的一段时间。

在当前的乡村移动化阅读市场中,马太效应较为明显,众多的运营商正在准备全力角逐乡村移动化阅读市场。在各种竞争中,社交化阅读、VR 与 AR 所构建的虚拟场景阅读将会是竞争的焦点所在。

6.2 中国乡村移动化阅读的发展趋势

在今天的乡村移动化阅读产业中,无论是移动化阅读终端,还是广大读者群体的阅读方式,抑或阅读内容,都有着自身较为明显的发展趋势。

6.2.1　阅读终端的发展趋势

国外主要的电子阅读器是 Kindle,而国内主要的电子阅读器则是智能手机。因而就中国乡村移动化阅读的市场来说,应对适合智能手机阅读的数字资源进行整合开发,比如说对现有的数字化阅读平台进行升级使之与移动化阅读相匹配、通过加强与相关的移动运营商的合作直接打造移动化阅读平台、把传统数据库如图书馆网站进行改造后延伸至智能手机终端、根据用户的阅读需求创建好友界面等,使移动化阅读的终端能够阅读更多的数字资源。

移动化阅读向智能手机终端集结,是一种必然趋势。因为很多人尤其是老年人群体,都不会操作电脑,要用电脑去获取信息,他们面临着较大的困难。但是,无论是什么群体、无论年龄大小,几乎都能够利用手机获取所需要的信息,还能够在获取信息的过程中与他人进行互动,这在手机阅读终端迅速普及的今天,已经成为一件毋庸置疑的事情。在今天的移动阅读市场中,无论是国外还是国内,虽然互联网的发展时间较长,市场也比较成熟,但在网络访问方式中,刚刚起步不久的移动互联网成为人们访问网络的首选方式。老牌发达国家如美国、英国等,其移动互联技术更为成熟,人们使用移动互联的情况更为普遍;包括中国、印度等新兴的市场在内,使用移动网络的人数正在迅速增加,移动互联网的使用比例与发达国家的差距正在缩小。

移动阅读终端尤其是手机的屏幕的不断扩大,也是移动化阅读时代移动终端的发展趋势。在中国,手机终端一直是移动流量的最大入口,近几年来也发生了较为明显的变化,其中最突出的是屏幕的不断扩大。手机屏幕的扩大是移动阅读的需求使然,作为可视面积的屏幕,其大小对人们开展移动化阅读的可视面积起着直接的决定作用。iPhone 4/4s 在移动互联网发展的早期有着革命性的影响,然而由于其屏幕相对较小,很不利于开展移动化阅读,这对移动化阅读迅猛发展的今天来说,其市场空间很难得以拓展。在发现小屏幕不利于开展移动化阅读,市场空间正在萎缩时,Android 手机厂

商着手研发大屏幕的手机。事实证明,Android手机厂商开发大屏幕的智能
手机是非常正确的,其不但适合阅读,也在智能化方面占据先机,因而市场
前景更为广阔。关于手机终端的屏幕迅速扩大这一说法,可以从《移动阅读
的发展趋势》一文的统计数字窥见一二:2015年移动市场手机屏幕主要以
5.0英寸及以下为主,5.1~5.5英寸所占比率排第二,低前者11%。后来手机
尺寸一直往大尺寸方向发展,5.1~5.5英寸屏幕占比增加了7%。值得注意的
是,5.6~6.0英寸的占比也增加了4%。这说明市场上大屏幕手机开始被消费
者接受,越来越多的人愿意选购大屏幕手机。2016年5.1~5.5英寸的占比增
加5%,占比率第一。❶在经过2015年的大屏幕试探后,2016年、2017年,大
屏幕手机所占的比例不断上升。此外,即使不扩大机身,手机厂商也积极扩
大屏幕尺寸,提高手机的屏占比,如LG发布G6,就在5.5英寸手机的机身大
小中提高屏占比,使屏幕变为5.7英寸,三星、苹果等手机也及时跟进,向大
屏幕方向发展。2022年第一季度,我国上市的手机中5英寸及以上大屏手
机款型占比76.7%,其中5G手机大屏占比达96.5%,4G手机大屏占比52.2%。
在5英寸及以上的大屏手机中,5.5英寸及以上的手机又是主力军。❷很多厂
商设计的大屏幕手机,不但屏幕冲击力极强,也显得很有科技感。其实,移
动化阅读终端的屏幕不断扩大,使得读者能够在第一时间看到很多信息,其
阅读场景也更有价值。但是人的视觉范围是有限的,手机等移动化阅读终
端的屏幕再大也应该不要超出读者在阅读时平视所能触及的范围,否则就
会产生不舒适感或者来回移动的麻烦感。

在移动终端不断升级换代的过程之中,人类的移动化阅读的场景也得
以不断升级换代。在2G技术时代,人们进行网络阅读时,一般只能进行简
单的文字、图片阅读;在3G时代,人们能够阅读图文并茂的文本;在4G时
代,人们能够开展音频、视频阅读;而在即将全面普及的5G时代,人们将能

❶ 移动阅读的发展趋势[EB/OL].(2022-05-28)[2023-06-01].https://www.jianshu.com/p/8ed8b8767555.

❷ 国内手机产品交互载体特性监测报告(2022年第一期)[EB/OL].(2022-08-20)[2023-06-01].https://www.sohu.com/a/555685189_161795.

够在融合化的场景中开展阅读活动。可以说,随着移动阅读的不断发展,适合于受众阅读的场景需要不断更新换代。然而,目前不少移动阅读公司还利用老思维来开展经营活动,将电脑端的思维搬到手机端,不重视移动互联时代人类交互方式的移动化、场景的移动化等趋势。在移动化阅读中,人们比较重视体验感,然而传统的思维是读完一段文字,再采用超链接的方式,点击或被动阅读其他文字,这种阅读方式破坏了阅读场景的连贯性,不利于开展沉浸式阅读,因而就需要设置一个交互式的场景。触屏式阅读就应运而生了。早在2007年的时候,乔布斯就说我们天生就有可以用来触摸的设备——手指,iPhone利用它们创建了自鼠标问世以来最具革命性的用户界面。这就是在今天的市场上,用户在阅读较长的文章或者聚合类内容时,都通过手指的触摸来阅读的原因,这种持续的阅读使读者的体验感更强。

与传统阅读的纸质版终端相比,移动化阅读终端能够采取多样化的传播形态将内容传递给读者,其交互性的特征更是让用户在阅读中获得更多的快乐,其碎片化的特征特别适合当下的读者尤其是农活繁重的乡村读者的阅读习惯,在某个不经意的空当,轻轻滑动手指,就能够获取知识、感受娱乐、进行社交。当前,移动阅读的市场规模正迅速扩大。不过需要注意的是,移动阅读逐渐走过了以各种花样传播的时期,进入了以内容取胜的成熟期。在成熟、优质的内容的推送下,产生互动化的交流,阅读正慢慢变成一件集知识修养和社交娱乐为一体的活动。

6.2.2 读者阅读方式的变化趋势

读者阅读方式的变化趋势主要体现在以下三个方面。

首先,伴随着移动化阅读的日益普及和广泛使用,包括乡村民众在内的所有读者,其知识获取都越来越依靠移动化阅读这一新兴的方式。可以预见的是,在大数据技术不断深入人们的生产生活、数据挖掘技术越来越向广度和深度发展的情况下,用户获取信息的方式将更加多元化,用户体验信息的场景将更加丰富化,人们将更依赖移动化阅读,对纸质图书资源的依赖性会进一步降低,对数字阅读资源的汲取将会更为频繁。这是因为电子资源的获取更为便捷,且电子资源可以随时保存和提取,还能够轻松地标注笔记,同时人们还能够在阅读中进行社交活动。

其次,伴随着移动化阅读市场的不断成熟,包括广大乡村民众在内的读者群体,其信息获取、信息交流和信息体验将越来越依赖网络技术的发展。在互联网时代,光怪陆离而又纷繁芜杂的信息为社会信息的活动提供了物质基础,但无论是何种信息,其要在社会中发挥作用,必须依赖信息交流活动。同时,各种信息在发挥作用的过程中,因其品质千差万别,因而其发生的作用也不一样,有些是正面的,有些是负面的,这就要求相关的部门、公司在信息传播中注意提升信息的质量。Web 2.0问世以后,读者可以利用Blog等进行沟通、交流,人类的信息传播开始了可以广泛互动的阶段。后来,Web 3.0、Web 4.0纷纷兴起,读者间的信息交流活动更为容易、情景更加多元有趣。当前,人们之间的信息传播渠道更为丰富,微博、微信等遍地开花,信息推送丰富而又精准,手机阅读成为移动阅读的主阵地。

最后,在广大读者的信息获取中,读者的主动搜索和运营公司的精准推送相结合,信息生产、传播与交流异常繁荣。人类的阅读经历了传统竹木简、锦帛的阅读,纸质媒体的阅读,电子图书的阅读及移动化阅读几个阶段,信息传播、推送的方式不断多元化。同时,信息的传播也从以传播方(书写者、出版者)为中心向以读者为中心转变,主动挖掘用户的信息需求,全天候地为用户提供信息服务已成为业界共识。为读者提供高质量、多样化、体验感极强的信息,精准推送读者喜爱的阅读内容,持续跟踪用户的信息消费需求和消费习惯,向智能化、情景化的信息推送和消费方向发展,是移动化阅读的必然方向,也是读者阅读方式变化下移动化阅读公司必选的经营路径。

6.2.3 内容呈现趋势

在移动化阅读时代,人们阅读的内容尤为丰富和多元。在浩如烟海的互联网信息中,人们无法将所有的信息浏览一遍,更不要说进行精读了。这种情况下,移动化阅读的运营商正采取将各种内容整合起来,向广大用户精准推送经过聚合和加工的内容的经营方式。

首先,将移动化阅读内容与传统阅读的内容整合起来。面对广大读者群体信息需求日益多元化的趋势,移动化阅读的运营商正在将传统阅读与移动化阅读整合起来。众所周知,由纸质终端到屏幕终端,多元化的信息载体让人们的阅读方式得以不断向前发展,不过新旧媒体的发展往往体现出一种叠加的状态,而不是一种相互取代的情况。在阅读领域也是如此,传统的纸质化阅读方式并没有被移动化阅读方式所取代,而是呈现出在阅读领域相互填补、共同推进的状况。在社会全面信息化的今天,人们的生存和发展离不开信息的获取,而阅读正是信息获取的重要方式;人们的休闲娱乐离不开信息的交流和体验,移动化阅读时期的信息传播无疑能够满足人们的信息交流和互动。可以说,社交媒体的产生,让阅读具有了更高的社会意义,社交媒体的移动化阅读将会随着移动互联的发展和移动终端的普及而不断发展,移动化阅读的运营者在力求全面发展、不断提升自我的同时,为人类的信息生产、传播和交流输入了全新的动力。

其次,移动聚合阅读正在兴起。众所周知,移动化阅读已经不再被"浏览网站"这一茧房所束缚,人们的阅读内容已经不只停留于某一网页上面,众多的阅读终端让信息的阅读日渐多元化。移动端既有独立的媒体新闻客户端,也有类似于 Google Reader 的 Feedly,还有聚合信息平台 Zaker、Flipboard 等。此外,还有由移动浏览器为用户提供的聚合资讯服务,如手机 QQ 浏览器推出的"精品阅读"及欧朋推出的"新鲜事儿"等。我们知道,社交网络曾经是用户获取信息的重要空间,不过在移动化阅读方面,基于 RSS 的实时资讯聚合平台显然更受广大读者群体的欢迎,因为其更能满足人们快速而全面地阅读和体验的需要。可以说,移动浏览器是包含用户行为最多的互联网产品,也是最能实现个性化的移动互联网产品。

6.2.4 市场趋势

移动化阅读的市场竞争将会更加激烈,环境将会更加复杂,但其前景却极为广阔。众所周知,移动互联网具有融合性,其由传统的互联网与移动通信融合发展而诞生。正因为如此,移动互联网具备了传统互联网和移动通信的特征,当然也有着自身的新特征。鉴于移动互联网发展日益受到青睐,又是一个融合的体系,因而传统的互联网主体、移动通信主体,以及许多其他传统行业的主体等一系列市场主体纷纷加入移动互联这一产业,加上移动互联在发展中不断出现的相关产业主体,使得移动互联的市场竞争日趋白热化,市场环境日趋复杂化,其发展充满着众多的不确定性,但总的来说其发展前景是极为广阔的。由移动互联网的技术发展和普遍使用而引起的移动阅读产业的大变革,为移动化阅读产业的相关经营者提供了赢得巨额利润的机会,也给其带来了巨大的挑战,使其面临的环境日趋复杂。在复杂的环境中,移动化阅读的内容供应商、终端支持商、服务提供商等都抓紧在移动化阅读的广袤天地中跑马圈地,积极安排和部署相关的发展战略,都希望在这一领域获得期望的利益。因此,在风起云涌的移动化阅读市场上,各个利益攸关方时而竞争、时而合作。竞争与合作本来就是相互制约而又相互促进的,移动化阅读市场上用户个性化、多元化的信息需求使得该产业不断获得发展的动力,其产业链正在不断延伸,不断走向完善化。因此合作是移动化阅读市场上各商家应有之道,正所谓"合则两利"。

当前,移动化阅读呈现出五大多元化的趋势:一是网络接入技术的多元化。在移动化阅读市场中,一般都要求终端具有多种接入能力,如无线城域网接入、Wi-Fi 接入、Wi-MAX 接入及 5G 接入等。二是终端的多元化。在今天的移动化阅读市场上,有各种终端如智能手机、笔记本、平板电脑、上网本、超级本及 Kindle 等,而智能手机这种使用最为普遍的移动阅读终端,其操作系统也呈现出了多元化的趋势,如苹果的 IOS 系统、微软的 Windows 系统、黑莓的 blackberry OS 系统及谷歌的 Android 系统等,它们都能够占领一定的市场,用户规模都较为庞大。三是内容制作的多元化。移动互联网是由传统互联网转型升级而来的,其网关适配技术比传统互联网更为灵活和多样化。这就使得依靠移动互联网而产生移动化阅读的内容来源,以及内容制作渠道更为多元化。四是运营模式的多元化。移动化阅读长期在盈利模式上探索,其在增值服务、新型广告收入方面都能够获得新的经济利益。与之前的互联网盈利模式相比,移动化阅读的广告盈利模式正由传统的门户和移动搜索的广告盈利转向 App 形式的广告盈利;增值服务的盈利模式正由流量向付费模式转变;此外,UGC 类应用及移动网游等也成为增值服务的重要方式。五是参与主体的多元化。移动互联是一种融合体(传统互联网与移动通信的融合),在其支撑下诞生的移动化阅读,其参与的主体较多,各个通信业务主体会介入,内容提供商会介入,用户也会大规模地涌入,这使得移动化阅读的资源配置和发展机制都会有全新的变化。

综上所述,在移动化阅读阶段,传统的阅读产业运作模式已然被打破,新兴的产业运作模式已然形成,不过新形成的产业模式还不成熟。对用户、内容供应商、终端支持商及服务提供商来说,都必须尽快了解移动化阅读的运作模式,尽快适应这一新兴的阅读生态,并不断让这一生态向着成熟化迈进。在移动互联网操作方面,我国已经有了自己的 COS(China Operating System),该操作系统由上海联彤网络通讯技术有限公司和中国科学院软件研究所共同研发,于 2014 年 1 月 15 日发布,COS 系统从底层代码到用户界面的构建皆由中国独立完成。其实,在 2013 年 9 月的时候,COS 手机操作系统就已经完成,小米、酷派及联想等主流手机厂商,都接触了 COS 的演示。在以后的时间里,如何使 COS 系统的 App 生态圈更为完善,使之在移动化阅读中能够跨硬件和跨平台使用,将是相关开发商和移动化阅读运营商需要共同解决的问题。

6.2.5　产业发展趋势

移动化阅读产业的发展尤为迅速,不过乡村的发展相对落后于城市。乡村的移动化阅读产业的发展呈现出以下趋势。

首先,跨终端、多屏化特征较为突出。伴随着移动化阅读产业的不断发展,其接收终端也显示出了多终端、跨终端的特征。目前,比较流行的移动化阅读信息接收终端除智能手机之外,还有 Kindle、MID、iPad 及上网本等,这些移动终端都能满足用户信息获取的需求。其中在 3G 时代,上网本是 IT 设备制造商及运营商较为追捧的阅读器。随着 4G、5G 技术的发展和普及,多终端融合传播、跨终端传播必将成为潮流。而在接收屏方面,同一内容可以在多个屏幕上显示,多屏接收已经变得尤为普遍。

其次,移动化阅读产业的市场正在不断拓展。在2013年之前,移动化阅读市场是作为支撑大众读物市场的发展而存在的。随着教育、培训等产业的发展,移动化阅读市场不断向教育等市场拓展,移动学习、移动培训、移动教育等开始进入了移动化阅读行业,成了其产业链上的一个重要环节。在这种情况下,很多知名企业都纷纷把目光投向教育产业,开始积极部署移动学习和移动教育产业。只要稍微留意就会发现,在今天的移动终端里,已经有企业为之加入了不少的学习元素。智能接收终端的发展不断与人们的生产、生活相结合,目前尤为流行的可穿戴设备就是明证,甚至有人认为,在不久的将来,会有可植入设备问世,它们甚至可以控制人们的思想。在今天的移动化阅读市场中,各种各样的移动化学习 App 正不断涌现,诸如梯子网等正在有计划地布署移动教育领域;人民教育出版社等出版机构也积极部署移动教育产业,直接为相关机构提供人民教育出版社的各种电子版教材。伴随着5G技术的发展和普及,教育产业必将向着信息化、数字化的方向发展,作为移动化阅读产业的重要组成部分的移动学习和移动教育的发展将更加令人欢欣鼓舞,而对偏远的乡村来说,这更是一个喜讯。

再次,移动化阅读的产业链正向着扁平化的趋势发展。在移动互联技术、移动终端技术应用层次日渐加深的今天,各个与移动化阅读相关的商家正在努力利用各项技术,将移动化阅读产业的产业链推上更为扁平化的方向。移动化阅读的产业链向着扁平化方向迈进,预示着内容生产和经营水平的高低将会成为移动化阅读运营商的核心竞争力所在。

最后,内容为王非但不会消退,其重要性还会进一步扩大。伴随着移动技术的发展,人们往往以为内容不再重要,或者说渠道已经与内容平分秋色,这其实是偏颇的。笔者认为,内容为王还没有过时,渠道不能代替内容,其只是内容传播中的一个辅助工具。不可否认,在移动化阅读发展的初期阶段,渠道的作用显得比较重要,因为可以直接精准地把内容推送给用户,加之那时与阅读相关的出版社还没有意识到移动化阅读的重要性,还没有主动地把图书转化成可以进行移动化阅读的资源,还把主要精力放在传统的纸质出版方面,那时候甚至把移动化阅读看成传统阅读的一种辅助形式。在这种情况下,移动化阅读产品的打造和营销并没有引起足够的重视,对移动化阅读产品的定价也因不太掌握市场规律而一时难以定价。然而随着移动化阅读的发展及其产业链的日趋成熟,越来越多的事实证明,移动化阅读的内容成为该产业发展的重要推动要素,其内容质量越高,越精美,越能够抢占市场,内容占八成、渠道占两成的原则在移动化阅读产业中仍然存在。在这种情况下,哪个移动化阅读平台能够提供优质的资源,能够及时满足读者的需求,就越容易赢得利润。这样说并不是否认渠道的作用,能够采用独到的营销渠道,将之与优质的内容结合,更能推动移动化阅读产业的发展。

鉴于移动化阅读发展存在以上趋势,相关的商家在对移动化阅读进行经营时,要注意几个问题。要高度重视用户的阅读体验。面对移动终端、屏幕的多元化趋势,在提供内容时,内容提供商应该进行充分的设计,力图适应跨终端、跨屏化传播。这就要求所涉及的移动化阅读产品要注意尺寸大小、色彩等,要符合不同移动终端的视觉习惯。如果能够实现不同接收终端的功能互补和在不同的终端上持续体验,那就更有利于移动化阅读的开展了。近年来,移动化阅读已经受到了出版社的重视,他们都纷纷成立数字化出版部门,甚至有的出版集团还成立了数字出版公司。但由于某些原因,如机制等,出版社的移动化出版还不能广泛调动读者的积极性,出版社需要做好移动化出版、移动化阅读的产品策划,健全体制机制,不断在移动化阅读领域实现创新发展。同时,要经营好移动化阅读,相关的商家还需要具有互联网思维,并能够在经营管理中熟练地利用互联网思维。因为在今天,不是利不利用互联网的问题,而是如何利用互联网的问题,互联网是一个充满开放、平等、协作和分享的网络,代表着产业的融合和创新。在这种情况下,移动化阅读产业不是要保守地保留什么,有些时候需要向自己的传统优势宣战,以颠覆性的方式获得创新性发展。此外,移动化产业需要构建良好的生态系统,使其产业链更加完整、运行环境更加优越,并在这种基础上实现通力合作,共同推动移动化阅读的发展。

任何事物都具有两面性,移动化阅读也如此,在推动"全民阅读"、实现乡村振兴方面有着巨大价值的同时,移动化阅读也有着众多的忧患,在投资中要注意其潜在的风险,如技术风险、宏观调控政策风险、市场运营机制风险及市场竞争风险等。这就要求我们要做好数字监管,因为数字带来了"浅阅读""浏览式阅读""轻阅读""低俗阅读""侵权阅读"等忧虑。不过我们不能放弃数字技术,它毕竟是一种先进的技术。只是说我们应该想方设法避免"浅阅读",想方设法让人们在追求自己阅读需求的同时提高人们的文化素养。也就是说,在推动移动化阅读的社交化功能的发展,发挥其文化传播和普及能力的同时,对移动化阅读的内容和方式展开有效的监督,这是保障移动化阅读发展的必然要求。

如果对移动化阅读的内容和方式放任自流,不实施监督,不学会信息把关,不能在浩如烟海的信息中保住精华、丢弃糟粕,那就会毁了这个本可大有作为的产业。近年来不少人呼吁完善移动化阅读的法律法规,规范和管理相关内容的安全、健康,保护人们的隐私,明确相关的责任主体,明确追责的途径,明确广大读者的责任与权利,建立一套行之有效的管理措施。此外,还要积极开展阅读引导,倡导正能量传播,倡导文明互动,培养广大民众高尚的阅读情操,提高技术监管能力,提高安全防护系统的整体水平,使之能够应对来自四面八方的网络攻击。

总之,乡村移动化阅读的发展极为迅速,其市场竞争正在加剧,在很多与互联网、移动互联网、阅读及移动化阅读相关主体的联动下,移动化阅读的市场环境日趋复杂,但其发展前景总体是极为广阔的。当前,乡村移动化阅读市场的马太效应较为明显,但竞争日趋白热化。可以预见的是,在移动化阅读中,阅读终端日趋多元化,但以智能手机终端为主,移动化阅读向智能手机终端集结,手机屏幕的不断扩大,人类的移动化阅读的场景也呈现不断升级换代的趋势。而在阅读方式方面,读者的知识获取越来越依靠移动化阅读这一新兴的方式,其获取、交流和体验将越来越依赖网络技术的发展,读者的主动搜索和运营公司的精准推送相结合,信息生产、传播与交流异常繁荣。在内容方面,将移动化阅读内容与传统阅读的内容整合起来,移动聚合阅读正在兴起。在市场方面,存在着网络接入技术多元化、终端多元化、内容制作多元化、运营模式多元化及参与主体多元化等趋势,在产业发展方面,呈现出跨终端、多屏化的特征,移动化阅读产业的市场正在不断拓展,产业链正向着扁平化的趋势发展。这些都表明包括乡村移动化阅读市场在内的移动化阅读市场会迎来蓬勃发展的时期。不过移动化阅读也存在着众多的忧虑,相关政府部门和移动化阅读运营商需要排除相关的隐患,还移动化阅读一个干净、和谐的空间。

参考文献

一、中文著作类

[1]曹明海,宫梅娟.理解与建构——语文阅读活动论[M].青岛:海洋大学出版社,1998.

[2]巢乃鹏.网络受众心理行为研究——一种信息查寻的研究范式[M].北京:新华出版社,2002.

[3]陈建龙.信息市场经营与信息用户[M].北京:科学技术文献出版社,1994.

[4]陈燕丽,等.阅读行为的调查与分析[M].天津:天津教育出版社,2007.

[5]陈幼华.畅销书风貌[M].武汉:武汉大学出版社,2007.

[6]戴联斌.从书籍史到阅读史[M].北京:新星出版社,2017.

[7]邓小昭,等.网络用户信息行为研究[M].北京:科学出版社,2010.

[8]董海军.社会调查与统计[M].武汉:武汉大学出版社,2009.

[9]杜学增.英语阅读的方法和技能[M].北京:外语教学和研究出版社,1996.

[10]葛颖.电影阅读方法与实例[M].上海:复旦大学出版社,2007.

[11]顾晓鸣.阅读的战略[M].上海:上海人民出版社,1985.

[12]郝振省,陈威.中国阅读——全民阅读蓝皮书(第一卷)[M].北京:中国书籍出版社,2009.

[13]洪子诚.我的阅读史[M].北京:北京大学出版社,2011.

[14]胡昌平,乔欢.信息服务与用户[M].武汉:武汉大学出版社,2001.

[15]胡惠林.文化政策学[M].上海:上海文艺出版社,2003.

[16]胡继武.现代阅读学[M].广州:中山大学出版社,1991.

[17]黄健.新媒体浪潮[M].南宁:广西教育出版社,2011.

[18]黄娟娟.认字、识字就等于早期阅读吗:2—6岁婴幼儿早期阅读教育方案新探[M].广州:中山大学出版社,2006.

[19]黄俊贵,等.社会阅读与图书馆服务[M].合肥:安徽大学出版社,2010.

[20]黄理彪.图书出版美学[M].北京:首都师范大学出版社,1998.

[21]简东方.粉丝时代[M].杭州:浙江人民出版社,2011.

[22]康晓光,等.中国人读书透视:1978—1998大众读书生活变迁调查[M].南宁:广西教育出版社,1998.

[23]李彬.符号透视:传播内容的本体诠释[M].上海:复旦大学出版社,2003.

[24]李德昌.信息人社会学——势科学与第六维生存[M].北京:科学出版社,2007.

[25]李广建.青少年阅读心理与读书方法[M].青岛:海洋出版社,1993.

[26]李培林.读图时代的媒体与受众[M].北京:新华出版社,2005.

[27]李新祥.出版传播学[M].杭州:浙江大学出版社,2007.

[28]林崇德,杨治良,黄希庭.心理学大辞典[M].上海:上海教育出版社,2003.

[29]刘德寰.年龄论:社会空间中的社会时间[M].北京:中华工商联合出版社,2007.

[30]刘燕南,等.国际传播受众研究[M].北京:中国传媒大学出版社,2011.

[31]龙协涛.文学阅读学[M].北京:北京大学出版社,2004.

[32]马笑霞.阅读教学心理学[M].石家庄:河北教育出版社,1997.

[33]莫雷.阅读与学习心理的认知研究[M].北京:北京师范大学出版社,2000.

[34]卿家康.文献社会学[M].武汉:武汉大学出版社,1994.

[35]卿家康.阅读与阅读艺术[M].北京:知识出版社,1991.

[36]邵田田.文化引领跨越发展——以浙江农业商贸职业学院为例[M].苏州:苏州大学出版社,2014.

[37]王余光,徐雁.中国阅读大辞典[M].南京:南京大学出版社,2016.

[38]曾祥芹,韩雪屏.阅读学原理[M].郑州:大象出版社,1992.

[39]张新红.信息改变中国[M].北京:新华出版社,2009.

[40]张新新.变革时代的数字出版[M].北京:知识产权出版社,2016.

二、中文文章类

[1]卞庆祥.基于3G技术的图书馆移动阅读服务[J].新世纪图书馆,2009(5).

[2]陈素梅.手机图书馆开辟移动阅读的新时代[J].图书馆建设,2007(5).

[3]丛湘平."农家书屋"可持续发展的探析[J].图书馆理论与实践,2009(11).

[4]崔雨晴.网络社群参与对个体社区归属感影响的实证研究[J].东南传播,2017(4).

[5]段淳林,闫济民.移动场景化:"互联网+"时代数字出版发展的新变革[J].中国出版,2016(5).

[6]傅俏.高校图书馆开展移动阅读服务的探索与实践[J].大学图书馆学报,2012(6).

[7]付跃安.图书馆移动阅读服务需求研究[J].图书馆杂志,2015(4).

[8]何琳,魏雅雯,茆意宏.移动互联网用户阅读利用行为研究[J].图书情报工作,2014(17).

[9]何明星.移动阅读的内容需求趋势[J].出版参考,2009(8).

[10]洪秋兰.国内外农民信息行为研究综述[J].情报资料工作,2007(6).

[11]黄水清,沈洁洁,茆意宏.发达地区农村社区信息化现状[J].中国图书馆学报,2011(1).

[12]胡万德,刘哲,王媛媛.农家书屋信息共享平台建设探讨——以辽宁省农家书屋信息化建设为例[J].图书情报工作,2015(18).

[13]黄晓斌,付跃安.基于用户体验的移动阅读终端可用性评价[J].图书馆论坛,2011(4):6-9.

[14]黄先蓉,冯婷.IP生态视域下移动阅读产业盈利模式创新研究[J].出版科学,2018(26).

[15]黄祖祥.新时期"农家书屋"发展探析[J].图书馆杂志,2010(2).

[16]解晓毅,李春明,王燕荣.手持阅读器在图书馆中的应用研究——以国家图书馆为例[J].数字图书馆论坛,2010(6).

［17］李春艳.边疆民族地区农家书屋建设现状、问题及对策［J］.图书情报工作，2015（8）.

［18］卢锋.阅读本质的再思考［J］.山东图书馆学刊，2010（4）.

［19］李福满.甘肃首创"数字农家书屋""互联网+"走进田间地头［J］.南方农业，2016（7）.

［20］罗慧.教师的阅读研究——基于城区小学、幼儿园的调研［J］.内蒙古民族大学学报，2008（5）.

［21］落红卫.移动阅读终端介绍及测试方法研究［J］.电信网技术，2010（7）.

［22］刘亮.联合国教育、科学及文化组织的阅读推广活动与图书馆［J］.图书与情报，2011（5）.

［23］李武，谢蓉，金武刚.上海地区在校大学生手机阅读使用行为分析［J］.图书情报工作，2011（14）.

［24］陆小华.最超越想象的变革将基于移动互联——新媒体变革取向漫谈之四［J］.新闻记者，2007（4）.

［25］卢晓军，牛德斌.鄂州数字农家书屋建设技术方案［J］.有线电视技术，2015（2）.

［26］李艳华.中国新农村建设中农村群众文化的作用［J］.科技风，2016（2）.

［27］刘砚议.微信朋友圈中的"印象管理"行为分析［J］.新闻界，2015（3）.

［28］李英.农家书屋可持续发展影响因素分析与对策研究［J］.图书情报工作，2010（1）.

［29］刘英莲.阅读的本质和阅读理解中的知识提取［J］.辽宁工学院学报（社会科学版），2005（3）.

［30］马功兰，郭春侠.农家书屋的书籍配置［J］.安徽科技，2009（4）.

［31］慕毅飞.国民阅读三大尴尬［J］.语文新圃，2006（10）.

［32］茆意宏，崔倩倩.农民移动阅读需求实证研究［J］.国家图书馆学刊，2015（2）.

［33］南长森，朱尉.跨媒体传播与国民阅读方式变革对文化消费的启示［J］.图书馆论坛，2010（6）.

[34]倪锦诚.阅读理解的本质和层次研究[J].湖南医科大学学报(社会科学版),2009(5).

[35]聂震宁.出版转型与阅读文化重建[J].现代出版,2013(1).

[36]彭兰.社会化媒体与媒介融合:双重旋律下的关键变革[J].新闻界,2012(2).

[37]裴秀贤,等.论消遣阅读的社会意义[J].大学图书馆学报,1998(2).

[38]潘涌.阅读教育的革命——论PISA阅读素养观的内涵扩展和升华[J].首都师范大学学报,2012(6).

[39]彭妍.从关联理论的角度探讨阅读本质[J].长沙铁道学院学报(社会科学版),2006(3).

[40]秦静.图书阅读率止住下滑,网络阅读率仍大幅攀升——第五次"全国国民阅读调查"成果发布[J].出版发行研究,2008(8).

[41]乔丽.全民阅读与大众出版创新[J].出版发行研究,2012(8).

[42]孙金娟,江南.基于读者调研的高校图书馆移动阅读服务策略研究[J].图书馆学研究,2011(8).

[43]孙黎.探析我国女性阅读品牌的可持续发展之路[J].中国出版,2011(11).

[44]孙鹏,李岩.农家书屋信息化建设的保障途径——以辽宁省农家书屋信息化建设为例[J].图书情报工作,2015(18).

[45]史庆华.论文学阅读的思想政治教育功能[J].辽宁工程技术大学学报(社会科学版),2005(5).

[46]时少华,何明生.网络阅读一般模式的构建[J].哈尔滨工业大学学报(社会科学版),2003(12).

[47]孙淑静.浅阅读的内涵及其弊端[J].文学教育(下),2007(4).

[48]沈水荣.新媒体新技术下的阅读新变革[J].出版参考,2011(9).

[49]沈小丁,郑辉.论阅读[J].图书馆,2007(6).

[50]宋妍."网络与书"解决现代阅读问题[J].互联网周刊,2005(20).

[51]石义彬,等.阅读方式变革与文化身份认同的两极互动[J].新闻与传播研究,2010(4).

[52]孙延衡.网络阅读的创新功能[J].泰山学院学报,2005(4).

[53]田胜立.数字传媒时代对编辑规范和人才的要求[J].编辑之友,2007(11).

[54]谭英,王德海,谢咏才.贫困地区不同类型农户科技信息需求分析[J].中国农业大学学报,2003(3).

[55]王虹,岳景艳,杨红岩.农村居民阅读的知与行——基于嫩江流域少数民族地区阅读情况调查[J].中国图书馆学报,2015(5).

[56]汪家熔.阅读类型、读者层次及其界定[J].图书馆学通讯,1989(2).

[57]王龙.阅读社会学二论[J].图书情报论坛,1998(4).

[58]汪萍.卫星数字农家书屋的传播优势及模式探索[J].中国出版,2013(8).

[59]吴漂生.对宜春市歧山村农家书屋读者需求的调查[J].图书馆论坛,2010(2).

[60]王钱国忠.文化传媒机构在国民阅读中的社会责任[J].图书馆研究与工作,2009(1).

[61]王素芳.网络阅读的发展现状和前景探析[J].图书与情报,2004(3).

[62]王胜利.阅读文化视角下的文本概念[J].重庆三峡学院学报,2008(6).

[63]王旭东,朱立芸."有屋没书"与"有书没人"现象的剖析——兼论"农家书屋"建设产业链中的出版发行体系的创新[J].甘肃社会科学,2009(5).

[64]汪修荣.阅读率下降的三大因素[J].编辑学刊,2005(2).

[65]王欣欣.阅读的本质与图书馆服务[J].图书馆论坛,2006(2).

[66]万宇.谈谈阅读社会学的发展前景[J].中国图书评论,2005(3).

[67]王勇安,张光荣,梁爱琴.农家书屋数字内容建设的模式设计及路径选择[J].编辑之友,2015(11).

[68]王余光.图书馆与社会阅读研究[J].中国图书馆学报,2008(2).

[69]汪振城.媒介变革中的文化转向与审美位移[J].中州学刊,2005(6).

[70]吴志攀.移动阅读与图书馆的未来——移动读者的图书馆[J].大学图书馆学报,2004(1).

[71]徐林.公共图书馆与农家书屋建设[J].江西图书馆学刊,2010(1).

[72]向文强.试论县级图书馆在"农家书屋"工程建设中的作用与职能[J].图书

馆理论与实践,2009(11).

[73]杨沉媛,茆意宏,黄水清.近十年国内农民信息行为研究述评[J].图书情报工作,2010(7).

[74]叶兰.国内外电子书阅读器研究综述[J].图书情报工作,2012(21).

[75]杨茜.探讨农村群众文化在新农村建设中的意义[J].青年与社会,2013(12).

[76]叶甜.基于扎根理论的高校学生移动阅读使用偏好分析[J].图书馆学研究,2011(7).

[77]邹静静,黄孝章.网络阅读的效率及网络导读[J].北京印刷学院学报,2008(2).

[78]张利洁.对农家书屋工程后续建设中出版物更新问题的新思考[J].编辑之友,2013(1).

[79]曾妍.移动阅读在图书馆实行的可能性分析[J].图书馆建设,2009(2).

[80]赵延慧.新时期农村群众文化建设的现实困境与破解之策[J].东方企业文化,2015(12).

[81]邓显超.中国文化发展战略研究[D].北京:中共中央党校,2007.

[82]张巧.语义民信息行为研究[D].武汉:华中师范大学,2012.

[83]陈红.南明区——数字农家书屋实现全覆盖[N].贵阳日报,2015-11-16(001).

[84]文德丽.锡林浩特建成首批卫星数字农家书屋[N].中国新闻出版广电报,2015-08-14(002).

[85]张雪晴.宁夏全面启动卫星数字农家书屋普查整顿工作[N].中国新闻出版广电报,2016-02-01(008).

三、外文类

[1]QAYYUM A, KHANG D B, KRAIRIT D. An analysis of the antecedentsof loyaltyand the moderating roleof customer demographics in anemerging mobile

phone industry〔J〕. industry. International Journal of EmergingMarkets, 2013, 8 (4):373-391.

〔2〕SHAFIQUE F, RIEDLING A. Survival avenues for Pakistani libraries in the era of emerging technologies:Adoption of Library 2.0 and Library 3-D〔J〕. The Electronic Library, 2013, 31(4):412-432.

〔3〕NOWLAN G. Going mobile:creating a mobile presence for your library〔J〕. New Library World, 2013, 114(3/4):142-150.

〔4〕KLIEGL R, NUTHMANN A, ENGBERT R. Tracking the mind during reading: The influence of past, present, and future words on fixation durations〔J〕. Journal of Experimental Psychology:General, 2006(135):12-35.

〔5〕YENYU K, MAOJIUN W, RUNGTAI L. Usability evaluation of e-books〔J〕. Display, 2009, 30(2):49-52.

〔6〕ZHANG L Y, MA W. Correlation analysis between user's educational leveland mobile reading behavior〔J〕. Library Hi Tech, 2011, 29(3):424-435.

〔7〕PEARE T. University libraries and space in the digital world〔J〕. Library Review, 2013, 62(6/7):437-438.

〔8〕WOODY D W, DANIEL D B, BAKER C A. E-books or textbooks:Students prefertextbooks, Computer textbooks〔J〕. Computers and Education, 2010, 55 (3):945-948.

〔9〕CALVERT P. Building mobile library applications〔J〕. The Electronic Library, 2013, 31(4):536-537.

四、电子文献

〔1〕2018中国移动阅读市场现状及发展趋势.〔EB/OL〕. (2019-04-12)〔2023-12-10〕. http://www.360doc.com/content/18/0521/15/40490835_755719874.shtml.

［2］易观智库.中国移动阅读市场年度综合分析2017.［EB/OL］.（2019-05-12）
　　［2023-12-10］.https://www.analysys.cn/analysis/trade/detail/1000817/.

［3］鲸准研究院.2018中国区块链行业分析报告［EB/OL］.（2019-05-14）［2023-
　　12-10］.http://shujuju.cn/report/3972.html.

附录：受访者名单

学界专家

S1：复旦大学教授，受访时间2021年5月8日。
S2：北京师范大学教授，受访时间2021年5月12日。
S3：南京大学教授，受访时间2021年5月9日。
S4：华南师范大学副教授，受访时间2021年5月10日。
S5：西南财经大学副教授，受访时间2021年5月17日。
S6：中南大学教授，受访时间2021年5月15日。
S7：西北大学教授，受访时间2021年5月16日。

乡村民众

V1：江苏某村村民，受访时间2021年5月9日。
V2：浙江某村村民，受访时间2021年5月9日。
V3：广东某村村民，受访时间2021年5月10日。
V4：广西某村村民，受访时间2021年5月11日。
V5：广西某村村民，受访时间2021年5月11日。
V6：河北某村村民，受访时间2021年5月13日。
V7：内蒙古某村村民，受访时间2021年5月13日。
V8：湖北某村村民，访问时间2021年5月14日。
V9：四川某村村民，受访时间2021年5月16日。

V10:贵州某村村民,受访时间2021年5月17日。
V11:重庆某村村民,受访时间2021年5月17日。
V12:重庆某村村民,受访时间2021年5月17日。